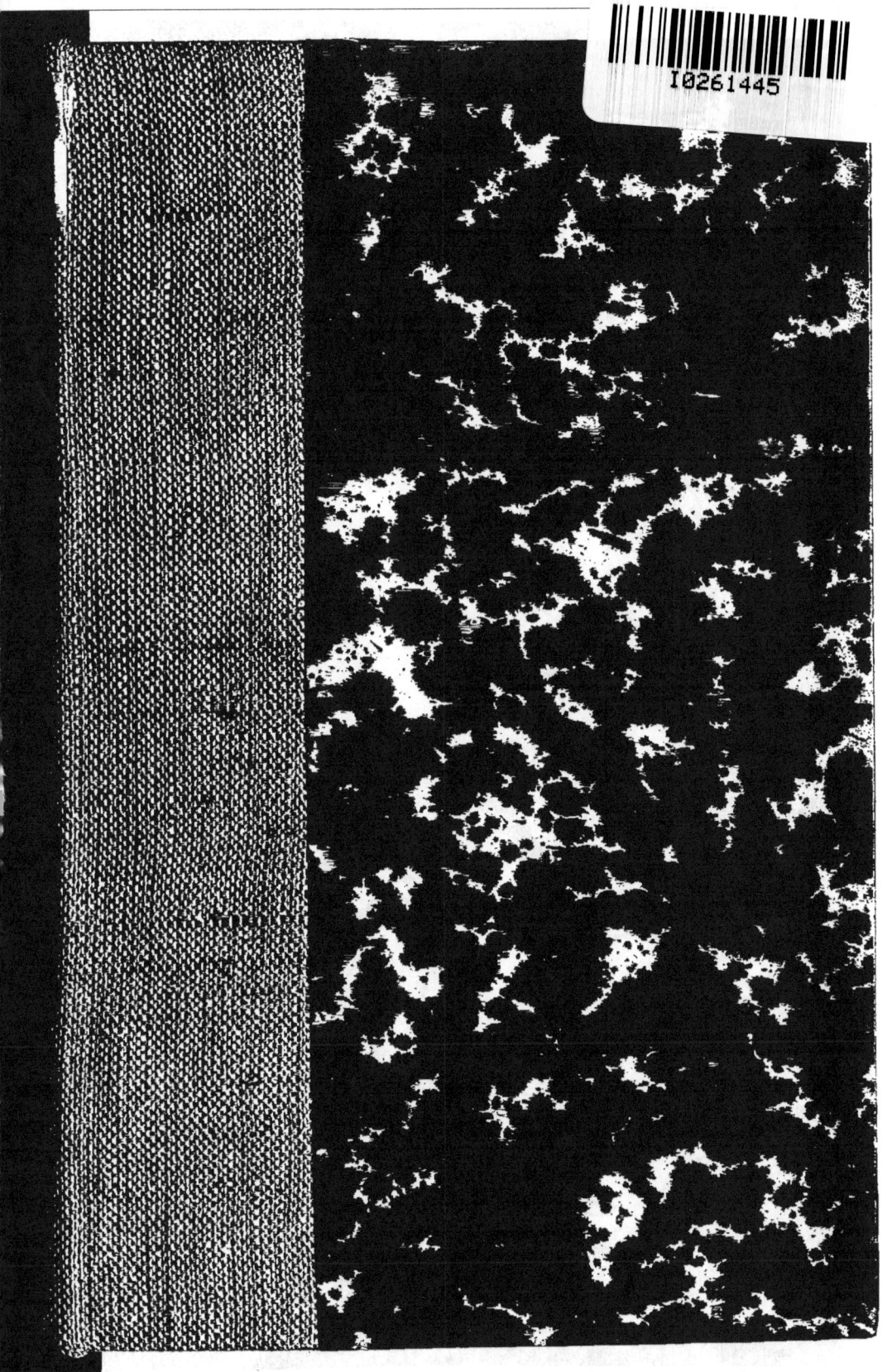

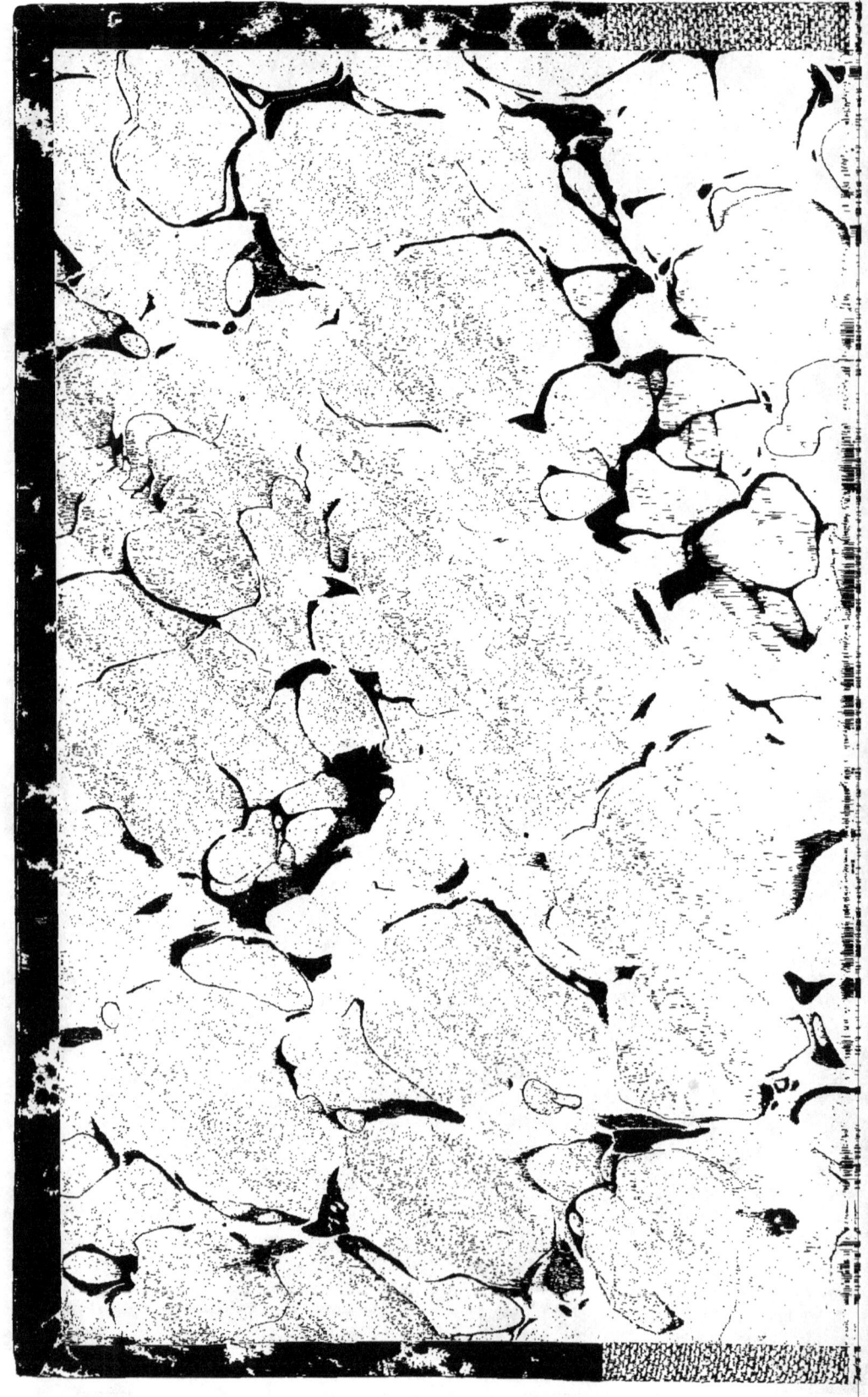

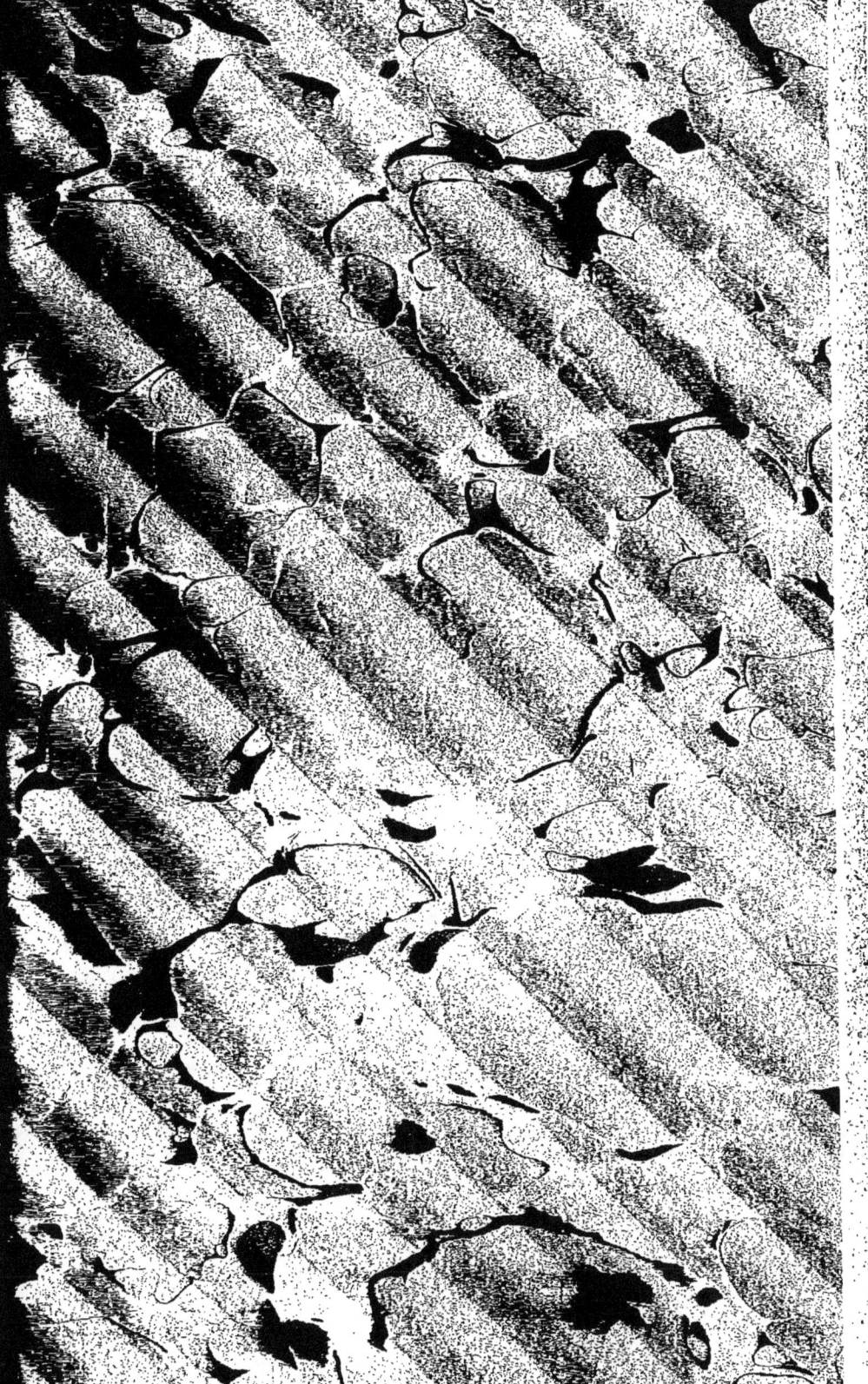

P-A. MATHIEU

LE
TRÉSOR DE LA MAISON

A LA MÊME LIBRAIRIE

OUVRAGES DU MÊME AUTEUR

Les Salons d'autrefois, souvenirs intimes, préface de M. Louis Énault, quatre volumes in-18 se vendant séparément.
1re Série (5e édition) : Madame la princesse de Vaudémont. — Isabey. — Madame la comtesse de Rumfort. — M. de Bourrienne . . . . 1 vol. 2 fr. 50
2e Série (3e édition) : Ma princesse Bragation. — La vicomtesse Merlin. — Madame de Mirbel. — Madame Campon. . . . . 1 vol. 2 fr. 50
3e Série (2e édition) : Casimir Delavigne. — La marquise d'Osmond. — Kalkbremer. . . . 1 vol. 2 fr. 50
4e Série : La duchesse de Laviano. — Madame Boscari de Villeplaine. — Madame Orfila. — Pradier . . . . 1 vol. 2 fr. 50
La Chambre rouge. . . . . 1 vol. 2 fr. 50
Un Voyage à Naples, scène de la vie napolitaine 1 vol. 2 fr. 50

Abbeville — Imprimerie de P. Briez.

LE TRÉSOR
DE LA MAISON

GUIDE

DES FEMMES ÉCONOMES

PAR

Mme LA Cesse DE BASSANVILLE

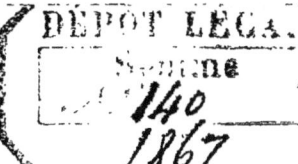

PARIS
P. BRUNET, LIBRAIRE-ÉDITEUR
RUE BONAPARTE, 31
—
1867
Tous droits réservés

(C.)

AVANT-PROPOS

Le but de ce livre est de chercher à faire atteindre aux femmes le point capital, la base fondamentale de leur bien-être et celui de leur famille, *la véritable économie domestique*, qui donne de l'aisance, même avec la plus modeste fortune, et rend, sinon douce, au moins tranquille, la vie humble et laborieuse de beaucoup de ménages, qui sans elle ne connaîtraient que les privations imposées par la médiocrité.

Avec de l'ordre aucune maison n'est véritablement pauvre; de même que sans ordre aucune maison ne saurait être réellement riche. Et l'un des moyens les plus sûrs pour trouver le bonheur ici-bas est l'établissement rigoureux de l'économie, c'est-à-dire de l'ordre chez soi. Aussi une femme doit-elle se regarder comme un vrai ministre de l'intérieur, et ne jamais négliger la conduite de l'administration particulière de sa maison, car de là découle ou sa ruine ou sa fortune.

— Mais, dira-t-on, les femmes ne sont chargées que

des dépenses usuelles de cette maison, et c'est bien peu de chose auprès des grandes affaires que font leurs maris !

D'accord ! mais je répondrai qu'il est fort rare qu'un mari ne consulte pas sa femme, ou du moins ne lui confie pas ses affaires, quand celle-ci a su lui inspirer une véritable confiance par la sage et bonne administration qu'elle fait régner et chez elle, et autour d'elle, c'est-à-dire dans sa maison, sur ses enfants et sur les personnes qui la servent. Et cette confiance n'est pas un des moins heureux effets de sa bonne administration : une femme sensée peut souvent par un sage conseil empêcher une mauvaise spéculation; elle peut éclairer sur des entraînements dangereux, sur des avis perfides, sur des associations ruineuses ; et, l'on ne saurait trop le répéter aux femmes, cette confiance ne s'inspire que par l'ordre et l'économie qui se font remarquer dans toutes les parties du gouvernement d'une maîtresse de maison.

Un des effets encore plus précieux de l'ordre bien entendu chez soi est de retenir son mari au logis; car grâce à cet ordre, il y règne un certain bien-être, une élégance relative qui fait se plaire chez lui un homme occupé au dehors tout le jour, et que de mauvaises connaissances cherchent souvent à accaparer pour les soirées.

Ainsi je connais des ouvriers qui fréquentent le cabaret et qui deviennent de fort mauvais sujets par l'unique raison que le désordre règne dans leur modeste ménage, tandis que d'autres rentrent avec joie chez eux après leur travail parce qu'ils y trouvent une grande propreté, ce luxe des pauvres, qui entraîne toujours avec lui un bien-être relatif. Cet exemple monte, échelon par échelon, jusqu'au plus haut de l'échelle sociale.

Notre livre cherchera à être un guide et un appui pour aider les femmes à atteindre ce but, de rendre leur intérieur aussi élégant et aussi confortable que leur fortune pourra le leur permettre sans léser en rien leurs intérêts; au contraire, puisque son unique but est de leur apprendre à faire beaucoup avec peu.

On y trouvera des conseils sur la tenue générale et minutieuse d'une maison; — sur la lingerie, la cuisine, le ménage, la table, l'office, etc. — sur l'élégance à faire régner, sans frais, autour de soi et sur soi; — sur les soins à apporter aux petits enfants en bas âge; — il parlera même de la santé comme médecine journalière et comme hygiène : en un mot il fera tous ses efforts pour bien mériter son titre : *le trésor de la maison.*

LE
TRÉSOR DE LA MAISON

DU FAUX LUXE CHEZ SOI ET SUR SOI

Avant de vous parler de ce luxe qui est de très-mauvais goût parce qu'il n'est pas vrai, luxe que beaucoup de femmes cherchent à faire régner autour d'elles, la modestie de leur fortune ne leur permettant pas d'atteindre le luxe véritable qu'elles envient ; je veux vous dire quelques mots sur la *tenue* qu'une femme doit avoir chez elle, car la bonne ménagère se montre dans tout et ne néglige pas le plus petit détail.

Mais d'abord je vous demanderai qu'est-ce que c'est que la tenue ?

— La tenue, allez-vous me répondre, est une toilette....

Je vous arrête aussitôt sur ce mot qui prouve votre ignorance. Car la tenue n'est point une toilette, mais un arrangement propre et gracieux qu'une femme sait faire régner sur elle-même avec les vêtements les plus simples, et qui non-seulement la rend charmante, mais encore inspire le respect à ceux qui l'entourent.

« Le manque de tenue est un des fils de la paresse » a dit un auteur, et si l'on vit en paix avec un tel vice comment peut-on mettre de l'ordre chez soi?

Lorsque vous vous levez le matin, mettez d'abord votre chevelure en ordre, non pour vous coiffer, je le veux bien, mais pour ne point avoir des cheveux en déroute sur votre figure et sur votre cou, donnez-y seulement un coup de peigne ou un coup de brosse pour les rappeler à l'ordre, jusqu'à ce que vous fassiez votre toilette; coiffez votre tête d'un petit bonnet bien blanc, bonnet de lingerie, sans rubans, sans fanfreluches, mais toujours frais.

Mettez votre corset en vous levant et lacez-le bien lâche, afin qu'il ne vous gêne en rien pour toutes vos actions du matin.

Une femme comme il faut ne se montre jamais, ni sans corset, ni en papillottes, ni en robe de chambre, ni en pantoufles, à moins, bien entendu, qu'elle ne soit malade.

Elle met un peignoir ou une robe du matin; mais cela est attaché et non flottant à la façon de la robe de chambre qui, je le répète, est de très-mauvais goût pour une femme comme il faut.

Et, qu'on y fasse bien attention, avec une très-bonne tenue une femme inspirera toujours le respect de toutes les personnes qui l'entourent : mari, enfants et serviteurs ; tandis qu'une mauvaise tenue entraîne trop malheureusement le contraire.

Ne gardez jamais dans la maison les robes avec lesquelles vous sortez, soit pour aller à la promenade, soit pour aller rendre des visites.

En rentrant, déshabillez-vous aussitôt, faites bien secouer votre robe par votre femme de chambre, si vous en avez une, sinon, secouez votre robe vous-même; essuyez-en le bas avec une vieille serviette que vous aurez de côté pour cet usage; puis remettez cette robe à sa place habituelle, accrochée ou pliée selon qu'elle doit être.

Époussetez votre chapeau avec un petit plumeau *ad hoc* pour enlever toute la poussière qu'il aurait pu prendre, déchiffonnez bien les brides et remettez-le dans son carton que vous couvrirez d'un vieux linge avant de le fermer, afin d'empêcher l'air et la poussière d'y entrer.

N'achevez jamais dans la maison des bonnets de soirée défraîchis, c'est du désordre et un faux luxe de mauvais goût.

Que votre tenue de maison, soit le matin, soit le soir, soit toujours simple et d'une grande propreté, rien de plus; ainsi si vous êtes jeune restez coiffée en cheveux, et si vous n'êtes plus jeune portez des bonnets montés, mais sans fleurs.

N'employez jamais ni de fausses dentelles, ni de fausses fourrures pour vos toilettes, cela ne trompe que soi et vous rend ridicule aux yeux des autres de même que les faux bijoux, à moins que ce ne soient des choses reçues en ce genre et dont on ne fait pas mystère.

Si votre fortune ne vous permet pas le luxe, n'y visez pas; on peut être très-élégante avec une grande simplicité; mais on ne l'est jamais avec des contrefaçons de choses trop chères pour pouvoir les acheter.

De même, dans votre appartement, que tout soit

en harmonie avec vos ressources; ainsi rien n'est de plus mauvais goût que les faux bronzes, le cuir poussé pour de la sculpture, du velours de coton pour du velours de laine, et ainsi du reste.

Un appartement très simplement meublé peut être fort joli, si on y fait régner l'harmonie avec une grande propreté; voilà ce qu'une maîtresse de maison doit avant tout comprendre, car alors elle verra qu'il dépend d'elle et non de la richesse que son intérieur soit confortable et agréable, non-seulement pour elle mais encore pour les siens.

CONSEILS

SUR LA RÉGULARITÉ QUI DOIT RÉGNER DANS UNE MAISON BIEN TENUE

Un des points les plus essentiels pour que l'ordre règne dans une maison, c'est d'y établir la régularité; mais il y a sans doute des circonstances où cette régularité doit céder à la nécessité. Aussi, en vous la recommandant, mon intention n'est-elle pas que vous en fassiez un principe minutieux et exagéré, qui par cela même n'atteindrait pas le but que je me propose toujours en vous donnant mes avis : celui de contribuer au bonheur de votre vie intérieure. C'est donc à votre raison à diriger votre conduite dans ces cas d'exception que je ne peux ni prévoir ni indiquer, et je ne dois vous entretenir que des avantages qui résultent de la distribution régulière du temps et des occupations dans une maison bien dirigée.

Il faut bien que cet avantage soit universellement reconnu, puisqu'il n'y a pas de réunions, de communautés d'individus, où la régularité ne soit strictement observée.

Dans une ferme, vrai modèle de l'économie domestique, le maître et la maîtresse se lèvent chaque jour à la même heure. Leur premier soin est de diriger chaque serviteur au travail qui lui appartient. Les repas sont préparés et pris avec la même régularité. Ceux des animaux et les soins qu'ils exigent, participent à cette exactitude. Le repos de chaque soir, aussi doux que nécessaire, est pris à l'heure habituelle et ne dure qu'un temps limité. Les jours se succèdent ainsi dans un ordre qui n'est jamais interrompu, et au moyen de cet ordre, la prospérité s'accroît, la santé de chacun se maintient et s'affermit de plus en plus, l'ennui ne pénètre jamais dans cette heureuse famille, et si la fin du jour fait naître un regret, c'est celui de la voir arriver.

Je pourrais vous donner beaucoup d'autres exemples du bienfait de la régularité que vous avez vue établie dans la maison d'éducation où vous avez été élevée peut-être ; vous êtes en âge de juger combien elle y est nécessaire, puisque sans elle tout serait bouleversé dans cette maison où chaque instant doit être mis à profit.

Mais ce que vous avez pu observer alors n'est rien en comparaison de ce qui se pratique dans une maison religieuse cloîtrée, car quelle que soit la ferveur des sentiments qui forment ces pieuses réunions, que deviendraient-elles sans la régularité de la vie à laquelle chacun est obligé de se soumettre? A des heures invariablement réglées, chaque religieux a ses occupations à remplir. Alternativement la prière, le repas, la récréation, le silence, et les soins nécessaires à l'administration de la communauté, remplissent si bien et si complétement la journée, que dans ces couvents, où les gens du monde croient que l'on meurt d'ennui, les jours paraissent trop courts ; car, suivant l'expression si sage de ce dicton populaire, *on n'a pas le temps de s'ennuyer.*

L'ennui, croyez-le bien, ne marche qu'avec l'oisiveté et le désœuvrement, qui bien souvent se trouvent mêlés aux jouissances que procure la richesse; mais ils n'approchent jamais d'une maison bien gouvernée ainsi que le sera la vôtre.

Rien de plus pernicieux pour la santé d'une femme que de passer une partie de la nuit dans les salons et la plus belle partie du jour dans son lit. C'est pourtant ce qui arrive dans la vie que mènent les riches habitantes de Paris et des grandes villes; aussi, les malaises généraux et les maux de nerfs en particulier s'ensuivent-ils tout naturellement. On se plaint, on gémit ; ce qui est bien pis, on cesse d'être fraîche et jolie ; mais on ne le croit pas sans doute, puisque l'on continue le genre de vie qui en est la cause.

Je vous en conjure donc, ne l'adoptez point chez vous cette existence funeste, et ne fréquentez que le moins possible les maisons où elle est en usage, car ce n'est pas pour vous seulement que vous devez conserver votre bonne et belle santé, mais aussi parce qu'elle vous donne un moyen de plus de contribuer au bonheur de votre famille.

Est-il rien qui communique plus de satisfaction et de plaisir que la vue d'une jeune femme brillante de santé et de bonheur ? Au lieu de cela, quelle tristesse pour un mari, qui souvent rentre dans sa maison avec le besoin d'y goûter le dédommagement des fatigues et des contrariétés auxquelles ses occupations l'assujettissent ; quelle tristesse, dis-je, d'avoir à soigner une attaque de nerfs, à essuyer des larmes sans motifs, etc., etc. ; enfin à voir chaque jour se détruire peu à peu le premier des biens, la santé du jeune âge ! et les pauvres enfants ne sont-ils pas victimes de cet état de choses ?...

Car c'est un intérêt bien cher encore qui doit vous imposer la loi de conserver la bonté de votre constitution puisque, si vous êtes destinée à devenir mère, et si vous suivez un régime qui contrarie la nature, le moindre mal qui puisse en arriver sera de donner à votre enfant une santé débile pour toute sa vie peut-être, surtout si vous voulez le nourrir dans ces mêmes conditions.

Mais je suppose que vous et lui vous y résistiez, et que vous ayez la volonté très-louable de commencer l'éducation de cet enfant, si c'est un fils ; de la faire en entier, si c'est une fille. Ne faudra-t-il pas alors changer totalement votre genre de vie, et vous rapprocher enfin de celui de la nature qui veut que l'on dorme la nuit et que l'on veille le jour ? Ne vaut-il donc pas mieux adopter dès à présent ce que la raison vous dicte ?

Vous ne vous y refuserez pas, j'en suis bien sûre, et nous allons établir que vous fixerez l'heure de votre lever à huit heures en hiver, à sept heures en été. Quand même vous ne vous coucheriez qu'à minuit, vous auriez eu encore la dose de sommeil nécessaire.

Que votre premier soin, après votre lever, soit de faire votre prière du matin, pour que Dieu bénisse cette journée qui commence. Vous irez ensuite donner un coup-d'œil à l'ordre de votre maison :

assurez-vous par vous-même si chacun est occupé selon son emploi ; si la cuisine est propre, si la cuisinière prépare le déjeuner suivant vos intentions, qu'elle a dû connaître dès son entrée à votre service, et desquelles une surveillance journalière ne lui permettra pas de s'écarter.

Voyez également si le domestique ou la femme de chambre auront nettoyé tout ce qui a été susceptible de l'être sans troubler votre sommeil ; si le cabinet de votre mari a été préparé pour son lever, de manière à ce que rien de ce qui lui est nécessaire ne puisse lui manquer.

Fixez l'heure du déjeuner de la famille à onze heures, et celle du dîner à six heures.

Un de vos premiers soins, encore en vous levant, doit être de mettre en ordre vos comptes de la veille. Que votre bonne ou cuisinière vienne ensuite vous montrer son livre de dépense pour que vous puissiez le vérifier. Vous devez l'arrêter chaque matin. Donnez-lui ensuite vos ordres pour la journée. Vous aurez déjà dû voir ce qui reste de la veille, vous saurez alors ce qu'il faudra ajouter.

Cette exactitude dans l'arrêté du compte de chaque jour, est une chose bien importante, tandis qu'au contraire, la plus dangereuse habitude que l'on puisse prendre, est celle de laisser accumuler ces mêmes comptes, car il n'en est pas de plus propre à favoriser les amplifications.

J'ai connu une dame qui avait la fatale manie de ne compter que tous les mois, aussi la veille du jour fixé pour cela, était-elle employée par la cuisinière à un travail immense. Elle s'enfermait, elle passait la nuit, le jour, pour établir le mieux possible le profit, a-t-elle avoué naïvement, qu'elle voulait faire chaque mois sur le total de la dépense. A la vérité, elle ne fit cet aveu qu'à ses camarades, le jour où elle fut congédiée, et vous devez comprendre combien sa maîtresse fut dupée.

Avant que votre cuisinière ne sorte pour aller aux provisions, elle doit habituellement faire les lits, même eussiez-vous un domestique. Il me semble plus décent que cet emploi soit uniquement rempli par des femmes. Par exemple, tout le reste du nettoyage et de l'arrangement de l'appartement rentrera dans le service de ce domestique, ainsi que ce qui concerne la toilette de son maître.

Le livre de votre cuisinière arrêté, faites-vous représenter celui de votre domestique, s'il est chargé chez vous de quelques dépenses. Car, en général, il faut multiplier le moins possible les mémoires, et ne rien laisser en arrière d'un jour ; pas même un port de lettre ou une commission chez le concierge. Enfin que toutes vos affaires, comme vos armoires, soient toujours dans un ordre parfait.

Ce peu d'instants donnés ainsi chaque jour au maintien de l'ordre vous laisseront ensuite tout le repos d'esprit nécessaire pour d'autres occupations, et une grande liberté d'esprit pour vous y livrer. Vous cultiverez par de bonnes et solides lectures votre esprit déjà orné. L'habitude de lire les meilleurs ouvrages est égale à celle de vivre en bonne compagnie. Une fois qu'on a eu le bonheur de prendre cette habitude, il n'est plus possible de la perdre ; c'est pour la vie. Si vous avez des talents, gardez-vous de les négliger. Destinez au contraire une partie de vos matinées à vous y perfectionner, car c'est une énorme absurdité que de croire qu'une femme instruite et douée de talents agréables ne puisse pas être en même temps une bonne ménagère et une femme essentielle.

Je ne puis donc trop vous le répéter, cultivez et augmentez chaque jour cette instruction et ces talents qui ont tant de charmes. Vous ferez bien de vous donner une sorte de tâche de quelques heures divisées en plusieurs parties. Ainsi la lecture, la musique et la peinture, soit comme distraction personnelle, soit comme leçon donnée à vos enfants, vous occupant alternativement, rempliront d'une manière charmante la plus grande partie de chacune de vos matinées. Mais gardez-vous des importuns! Tout pays abonde de cette espèce de gens qui portent partout où l'on veut bien les recevoir, *tout l'ennui de leur oisiveté;* et c'est ordinairement l'emploi de leur matinée entière, auquel ils joignent de plus le soin utile de chercher un dîner dans l'une des maisons qu'ils ont à parcourir.

Les travaux à l'aiguille nécessaires à l'entretien d'une maison bien tenue, devant prendre encore une grande partie de votre temps, mettez-vous sur le pied de ne jamais attirer ni recevoir cette espèce de gens. C'en serait fait du repos de vos matinées et de la possibilité de vous occuper, si vous leur donniez entrée chez vous.

Mais autant il sera prudent de vous préserver de ces importuns, autant il sera nécessaire et agréable de vous ménager chaque jour quelques moments pour recevoir vos amis. Ils se conformeront, n'en doutez pas, aux heures que vous leur destinerez, heures que vous pourrez très-facilement placer entre celle où vous terminerez votre travail et vos études et celle de votre dîner. Car il est à propos de limiter le temps de votre retraite chaque matin. Vous ne le retrouverez qu'avec plus de charme le lendemain ; et d'ailleurs, n'aurez-vous pas quelquefois vous-même des raisons de sortir, soit pour remplir quelques devoirs de société, soit pour faire quelques emplettes ? enfin, n'aimerez-vous pas à joindre quelque travail d'aiguille à vos autres occupations ? Et cette distraction est si naturelle à notre sexe, qu'il ne faut jamais en perdre l'habitude.

Mais je ne saurais mieux faire que de vous citer ce que dit un vénérable auteur sur le sujet que je viens de traiter, et cet auteur est Fénélon.

Petit Conseiller de ménage.

« La plupart des femmes négligent l'économie, comme un emploi bas, qui ne convient qu'à des paysannes ou à des personnes de basse condition, surtout les femmes nourries dans la mollesse, l'abondance, l'oisiveté, sont indolentes et dédaigneuses pour tout ce détail.

« La propreté, l'ordre et le soin sont une des bases de la véritable économie. Ne souffrez donc rien de sale ni de dérangé chez vous ou sur vous, car rien ne contribue plus à l'économie et à la propreté que de tenir toujours chaque chose à sa place. Cette règle ne paraît presque rien ; cependant elle irait loin si elle était exactement gardée. Avez-vous besoin d'une chose, vous ne perdez jamais un moment à la chercher ; il n'y a ni trouble, ni dispute, ni embarras, quand on en a besoin ; vous mettez d'abord la main dessus, et, quand vous vous en êtes servi, vous la remettez sur-le-champ dans la place où vous l'avez prise.

« Ce bel ordre fait une des plus grandes parties de la propreté : c'est ce qui frappe le plus les yeux que de voir cet arrangement si exact. D'ailleurs, la place qu'on donne à chaque chose étant celle qui lui convient davantage, non-seulement pour la bonne grâce et le plaisir des yeux, mais encore pour la conservation, elle s'y use moins qu'ailleurs ; elle ne s'y gâte d'ordinaire par aucun accident ; elle y est même entretenue proprement : car, par exemple, un vase ne sera ni poudreux, ni en danger de se briser lorsqu'on le mettra à sa place immédiatement après s'en être servi. L'esprit d'*exactitude*, qui fait ranger, fait aussi nettoyer, et à ces avantages fait joindre celui d'ôter, par cette habitude, aux domestiques, l'esprit de paresse et de confusion. »

Sur le budget d'un ménage.

Avant tout pour que les provisions profitent dans une maison, il faut qu'une personne ménagère les tienne sous clef ; sans cela, non-seulement le gaspillage enlèverait tout profit, mais encore deviendrait une source de dépenses folles. La surveillance d'une maison est facile et peu fatigante avec de l'ordre dans les idées et une sage distribution de ses heures.

Une grande partie de la matinée d'une bonne ménagère doit être consacrée à sa maison, et il faut autant que possible que les projets pour la journée soient arrêtés de bonne heure, pour pouvoir donner ses ordres en conséquence; savoir dès la veille si l'on prendra ses repas chez soi, seuls en famille, ou avec des étrangers, et commander alors son dîner selon ses projets.

On saura aussi si l'on doit dîner en ville pour donner à sa bonne ce jour-là un ouvrage qu'il lui serait impossible de faire si elle avait son service ordinaire. C'est ce jour-là, par exemple, qu'on choisit de préférence pour faire nettoyer son appartement à fond, cuivres, fenêtres, glaces.

On doit aussi distribuer le matin, le sucre, l'huile, le vin etc., et en général toutes les provisions nécessaires pour la journée.

Chaque soir avant de se coucher, ou chaque matin à son lever, une bonne ménagère se fera rendre compte et écrira exactement la dépense du jour achevé, mais elle devra avant tout se rendre compte de ce qu'elle peut dépenser, et voilà comment elle établira son bilan qui devra concorder avec le livre sur lequel elle écrira journellement toutes les dépenses faites, non-seulement par la bonne, mais encore par elle-même. Une bonne ménagère établira son livre. Je suppose une somme de 500 fr. par mois pour tenir la maison et fournir à l'entretien.

Cuisine	Loyer et impositions	Vin, Chauffage, Éclairage	Blanchissage de gros et de fin	Gage de la bonne	Entretien
140	100	65	30	35	100

En maintenant exactement les services comme je viens de les indiquer pour les mois d'hiver les plus dispendieux, il restera 30 fr. par mois pour les petites dépenses imprévues, de plus les économies faites dans les mois d'été.

A la campagne on a plus d'aisance ; cependant, il faut là, comme partout, de l'ordre, car pour les rois eux-mêmes le gaspillage serait ruineux.

Du choix d'un logement.

Le choix d'un logement est une chose qu'il ne faut jamais décider à la légère, car le bien-être chez soi se compose d'une infinité de détails imperceptibles qu'il est important d'étudier pour n'en négliger aucun dans le nouvel appartement que l'on va prendre, soit quand on entre en ménage, soit quand on est obligé de quitter le logement que l'on occupait jusque-là.

Et je dis *obligé*, avec intention, car un changement d'appartement est toujours une chose et très ennuyeuse et très coûteuse ; il ne faut donc s'y résigner que contraint et forcé. « Deux déménage-« ments valent un incendie » dit un vieux proverbe sage. En effet, quel mobilier résiste sans attraper force blessures à ces transports d'une maison à une autre ; puis, ce qui allait là, ne va plus ici ; il faut changer ses meubles, faire allonger ou raccourcir les rideaux, etc., et tout cela se fait à grands frais en laissant toujours la meilleure partie de sa laine aux buissons.

Mais pourtant s'il faut absolument déménager, avisons ensemble à le faire avec sagesse et avant tout consultons l'état de nos finances.

Autrefois, quand les loyers étaient moins chers qu'ils ne le sont aujourd'hui, il était de règle dans les maisons bien entendues de ne mettre que le dixième de son revenu à son appartement ; aujourd'hui cela serait impossible ; calculons donc sur le septième, et maintenant que le prix que vous devez mettre est fixé, voyons l'appartement.

Ce qu'il vous faut observer premièrement c'est sa situation relativement au midi et au nord, car c'est une chose indispensable pour votre santé et celle de votre famille. Ainsi il est excellent qu'une chambre à coucher soit située au midi ; le levant ou le couchant peuvent encore se tolérer ; mais le nord ne doit pas s'accepter, si on peut faire autrement bien entendu. Ainsi, même dans les pays chauds, on sait si bien que l'exposition du midi est mille fois préférable à celle du nord, qu'à Naples, par exemple, dans ce royaume du soleil, il y a une différence de moitié dans le prix des appartements situés en face l'un de l'autre dans la même rue et placés au même étage, mais l'un au nord, l'autre au midi.

« Le nord appelle la mort » disent-ils dans leur langage figuré, et ils sont dans le vrai; ainsi il est fort malsain de coucher dans une chambre où il y a eu du feu ; et il est d'un bon hygiène de laisser la fenêtre de sa chambre à coucher ouverte, même l'hiver, durant le cours de la journée ; or, si vous êtes au nord, c'est un froid aigre et perçant qui y entre ; tandis que si vous êtes au midi, c'est le vent adouci et tiède.

Comme la santé l'humeur se ressent de cette disposition ; quel est l'esprit, fût-il mélancolique, qui puisse résister à un aimable rayon de soleil !

Pour les salons et les autres pièces, faites comme vous pourrez, les appartements sont si difficiles à trouver maintenant qu'il faut être plus facile qu'on ne l'était jadis. Mais pour votre chambre à coucher et surtout pour celle de vos enfants, ne cédez pas, à moins d'impossibilité absolue.

Par exemple, à aucun prix, et par aucune considération, n'allez habiter dans une maison neuve, un appartement qui n'aurait pas encore été occupé par quelqu'un avant vous, car c'est courir un danger mortel.

Cette maison, fût-elle bâtie déjà depuis un an ou deux, renferme toujours une humidité de plâtre qui engendre une foule de maux. Ne vous laissez donc pas séduire par l'élégance, la fraîcheur de ces appartements, et pensez que la santé est mille fois préférable à ces jolies choses-là.

Si vous pouvez avoir deux chambres à coucher dans votre appartement, c'est une excellente chose, car il est des cas de maladie où il serait malsain pour une autre personne d'habiter la même chambre; mais si vos moyens ne vous permettent pas un loyer aussi lourd, et qu'un cabinet de travail seulement puisse être réservé à votre mari, vous devez, et cela ne nuira en rien à l'élégance de la pièce, y faire placer un canapé lit pouvant servir en cas d'accident.

Il est d'usage maintenant qu'une femme ne se trouve dans son salon qu'un seul jour dans la semaine — *celui où elle reçoit* — et cela est un grand tort à mon avis, et comme éducation et comme santé; car alors elle reste dans sa chambre, ce qui est contraire à l'hygiène, je vous le répète, une chambre à coucher devant être pendant le jour aérée et non chauffée afin de se préparer de bonnes nuits; le feu absorbe l'air pur et augmente le carbone, chose qui donne de l'oppression pendant le sommeil puisque à ce moment, tout étant fermé, l'air ne se renouvelle plus.

Malgré l'usage, je vous conseille donc de prendre votre salon comme habitation journalière, si votre fortune ne vous permet pas d'avoir une autre pièce, qu'on appelait jadis un *boudoir*, nom, à mon avis, parfaitement ridicule, et qu'on nomme aujourd'hui un *petit salon*, sorte d'endroit mixte entre la chambre à coucher et le salon, où l'on peut tenir son administration journalière.

Choisissez votre salon pas trop grand, parce qu'il serait difficile à meubler, à échauffer et à éclairer; pas trop haut pour les deux dernières raisons; pas trop bas, parce qu'il ne contiendrait pas assez d'air vital en hiver, quand tout est bien calfeutré et qu'un bon feu brûlera dans la cheminée.

Tâchez que la salle à manger soit précédée sinon d'une antichambre, au moins d'un petit carré noir qui s'appelle un *pas perdus*, et cela beaucoup moins pour l'élégance de votre logis que pour sa commodité, car ainsi la salle à manger pourra plus facilement se garder propre et se conserver chaude; le vent ne lui venant pas tout directement de l'escalier, et les personnes, qui arriveront avec des parapluies mouillés ou des caoutchoux crottés, trouvant un endroit pour mettre les uns et les autres.

Si vous n'êtes pas assez riche pour avoir plusieurs domestiques, choisissez de préférence un appartement où la cuisine se trouvera sous la même clef, d'abord pour aider au service de votre bonne, et de plus pour pouvoir aller y surveiller de temps en temps.

Cela peut donner de l'odeur dans l'appartement, j'en conviens; mais comme avec du soin on parvient à éviter cet inconvénient, je le préfère au gaspillage; ainsi il s'agira de faire prendre à votre bonne l'habitude d'ouvrir sa fenêtre aussitôt qu'elle mettra *en train* un plat quelconque, car c'est alors que la chose répand son fumet au loin; mais quand il *marche*, et que la casserole est couverte, l'odeur est imperceptible. J'en excepte, toutefois, la friture et la grillade, car pour ces deux sortes de *confections*, la fenêtre doit rester ouverte pendant tout le temps de leur cuisson.

Une cuisine doit être aérée et éclairée, ces deux conditions sont indispensables.

Il est aussi du devoir d'une maîtresse de maison de visiter les chambres de domestiques avant d'arrêter son appartement afin de s'assurer si elles sont saines et logeables. Agir autrement serait d'abord la preuve d'un mauvais cœur, puis cela vous entraînerait à de grands ennuis, en vous forçant à des changements de service qui presque toujours sont préjudiciables à vos intérêts.

Il faut éviter encore autant que faire se peut que les pièces se commandent, ce qui gêne non-seulement le service mais aussi les maîtres.

Pour les personnes qui habitent la province je joindrai d'autres conseils, car les grands logements y étant beaucoup moins rares et beaucoup moins chers qu'ils ne le sont à Paris, beaucoup peuvent y prétendre.

J'engagerai donc alors à prendre les chambres de ses domestiques le plus près de soi qu'il sera possible afin de pouvoir y étendre sa surveillance, celle de la femme de chambre surtout doit être sous la main, car elle servira de lingerie, s'il n'y a pas dans la maison d'autre pièce destinée à cet usage. Ainsi il faut la prendre spacieuse, la faire garnir autour de grandes armoires dans lesquelles sera renfermé le linge de la maison, et faire établir au milieu une table permanente toute garnie pour le repassage, ainsi qu'un poêle, s'il n'y a pas de cheminée, afin de pouvoir y faire faire du feu par les temps humides et les temps froids. Cela est indispensable et charitable, car ce sera dans cette pièce que devront travailler journellement et la femme de chambre et les ouvrières que l'on prend en journée : les faire travailler dans un endroit par où passent les visiteurs étant un tort réel, parce que ce va et vient les distrait sans cesse et que non seulement il y a du temps de perdu, mais encore du temps mal employé.

DE LA BONNE TENUE ET DE L'ARRANGEMENT

D'UN APPARTEMENT

L'élégance d'un appartement ne consiste pas dans sa richesse, mais dans le goût avec lequel il est arrangé, et plus encore, peut-être, dans l'ordre et la propreté avec lesquels il est tenu.

Une femme est toujours jugée sur la tenue de son appartement, et qu'elle ait peu ou beaucoup de domestiques, c'est elle qu'on rendra responsable du désordre, s'il s'en trouve.

La véritable élégance d'un appartement consiste d'abord dans l'harmonie qui y règne, et le faux luxe ne trompe jamais que ceux qui, trop souvent, y sacrifient leur bien-être.

Ainsi ne prenez pas un appartement trop grand, ni trop fastueux, si vos ressources sont bornées, car des lambris dorés avec peu de feu dans les cheminées, peu d'éclairage dans les pièces et une ou deux femmes de service pour *toute livrée*, montrent de faux riches orgueilleux, ou une laide avarice, comme compagne de la fortune, et le monde rit ou méprise, car il ne pardonne jamais un ridicule, ni un vice qui ne lui profite pas.

Ce n'est point un ridicule d'être pauvre;

mais c'en est un très-grand que de vouloir paraître riche quand on ne l'est pas; et l'opinion est encore bien plus indulgente pour le faux noble que pour le faux riche; car dans l'un il n'y a que de l'amour-propre, tandis que dans l'autre il y a de la bassesse.

Que votre appartement d'abord, puis son arrangement ensuite, soient donc parfaitement d'accord avec vos ressources, et vous y ferez régner un air d'ensemble qui est la véritable harmonie d'un intérieur bien entendu.

Ainsi vous éviterez de mettre des rideaux en étoffe de soie avec des meubles d'acajou; sorte d'alliance qui fait tort aux deux conjoints et qui peut faire croire qu'un mobilier a été acheté pièce à pièce, d'occasion, puisqu'on a si mal assorti les choses.

La soie demande du palissandre, du bois de rose, des meubles de boule et de fantaisie, étant, ou imitant les meubles d'autrefois.

Pour l'acajou, il faut des rideaux et des portières en damas de laine, en velours de laine même; et aussi de la toile perse doublée, mais je préfère cette dernière à la campagne.

J'aime beaucoup cette habitude qu'on a prise des anglais, de mettre des tapis dans toutes les pièces d'un appartement; et comme ils sont aujourd'hui à des prix très-raisonnables, je trouve d'une bonne économie d'en avoir chez soi. La première mise sera un peu forte, j'en conviens, mais bientôt on sera couvert de ses frais : ainsi des tapis épargnent un frotteur, et demandent bien moins de feu aux appartements pour se chauffer durant l'hiver. Or, de beaux tapis peuvent et doivent durer une dizaine d'années dans les maisons où on les soigne. Calculez ce que pendant ces dix ans on aurait dû payer, sans eux, et de bois et au frotteur, et vous verrez combien de fois vous aurez été remboursée de votre première dépense.

Le confort tient donc du savoir faire, et une femme d'ordre peut avoir le bien-être chez elle sans dépenser beaucoup d'argent.

Ainsi, si l'on ne va pas passer la belle saison à la campagne, il faut avoir, pour son appartement, les rideaux d'été et les rideaux d'hiver. L'été, on ne met pas de portières, et l'on met à ses fenêtres des rideaux légers, en guipure, en mousseline, en toile perse même ; tandis que les rideaux et les portières d'hiver, auront été décrochés, battus, brossés et mis, bien enveloppés, dans des armoires, après avoir été pliés avec le plus grand soin. De cette façon, ils dureront très-longtemps frais ; tandis que s'ils restaient attachés aux fenêtres et aux portes durant l'été, ils seraient bientôt dévorés par le soleil, le hâle et la poussière. Et rien ne donne une apparence misérable et malpropre à un appartement, comme des meubles défraîchis.

Je n'approuve pas que les meubles d'un appartetement restent couverts de housses durant l'hiver, parce que ces housses tamisent la poussière et surtout la cachent ; or, comme les domestiques sont très-souvent paresseux, ils négligent de secouer et de battre ces meubles dont ils ne voient pas la malpropreté ; de façon que cette poussière stagnante les gâte beaucoup plus que ne ferait l'air.

L'été, c'est différent : que vous habitiez ou que vous quittiez votre appartement, vous devez faire couvrir vos meubles; mais dans le premier cas, faites souvent lever ces housses et passez l'inspection de ces meubles, car alors la poussière engendrerait la vermine.

Pour qu'un appartement soit bien tenu, il faut qu'une maîtresse de maison se lève de bonne heure, car les domestiques ne font jamais bien les choses quand ils savent que leurs maîtres ne peuvent les surveiller. Faites donc toujours craindre votre surveillance si vous ne l'exercez pas toujours : c'est une règle excellente pour être bien servi.

Un jour par semaine, il faut faire faire le nettoyage à fond de son appartement; l'entretien journalier en est ainsi plus facile; et quand je dis *à fond*, je ne veux pas seulement parler des choses de luxe, mais j'entends aussi le nettoyage de la cuisine, de l'argenterie et des cuivres.

Une fois par mois, il faut faire laver ses carreaux, et ce jour-là, renouveler les petits rideaux des fenêtres, durant l'hiver; cela donne de la propreté, du jour, et partant de la gaîté à votre appartement. Pendant l'été on les change deux fois seulement dans la saison, et le jour où on lave les carreaux on se contente de les décrocher et de les bien secouer pour en faire tomber toute la poussière qui s'y était attachée.

Faites que votre chambre à coucher, à quelque heure que ce soit, n'offre jamais l'aspect du désordre, et n'ait jamais l'air de manquer de propreté. Si vous n'avez pas été habituée à ranger vous-même vos effets et ceux de votre mari — ce que font pourtant beaucoup de femmes très-bien placées dans le monde —, exigez de vos domestiques qu'ils le fas-

2.

sent aussitôt que vous êtes levée, et ne laissent point s'accumuler sur les meubles les habits de la veille avec les hardes de la nuit. Que chaque matin tout cela soit nettoyé avec soin et mis à sa place; si votre mari travaille chez lui, son cabinet est la pièce qui, chaque matin, doit être faite la première. Il faut qu'avant son lever, ce cabinet soit prêt, avec le feu allumé dans la cheminée, si c'est l'hiver, afin qu'il puisse s'y trouver assez commodément pour y travailler en repos : premier bien-être de chaque jour qu'il devra à vos soins et à votre surveillance.

Le papier de tenture qui peut se mettre dans une chambre à coucher varie à l'infini, et dépend complètement du goût de la personne qui l'habite; cependant les teintes douces sont généralement préférées; le bleu est la couleur la plus ordinairement choisie pour les rideaux et les draperies; d'abord parce que cette couleur est jolie, puis encore parce qu'elle est durable; le chamois garni de bleu ou de brun fait encore très-bien; le jaune est d'un mauvais goût et ne se rencontre généralement que chez les femmes du demi-monde qui visent à l'effet; mais il y a des exceptions en cela comme en toutes choses. On ne met ordinairement dans une chambre à coucher, en fait de tableaux, que des portraits de famille ou des sujets de sainteté. Une garniture de cheminée en bronze non doré ne figure jamais bien dans une chambre à coucher.

La couleur du papier qu'on doit choisir pour son salon dépend d'abord des habitudes de la maison. Ainsi, si l'on reçoit beaucoup, il faut prendre un papier gris-blanc, doré si cela va avec son mobilier, ou seulement glacé et moiré, si la dorure est trop riche, et je conseille en ce cas-là le papier gris-blanc, parce qu'il s'éclaire facilement et sied très-bien au teint des femmes. Mais si vous ne recevez pas, prenez un papier à teinte sombre, non parce qu'il sera plus solide que le premier, c'est une erreur de le croire, mais parce qu'il fera mieux valoir vos meubles, vos tableaux, vos rideaux, vos portières.

Par exemple, ne prenez jamais la couleur rouge, si vous ne voulez pas que votre salon ressemble à une salle de restaurant ou à un café; le vert est joli et sur lui les dorures ressortent très-bien, soit comme applique, soit comme cadre. C'est un préjugé de croire qu'avec du vert les tentures jaunes ne peuvent point aller; ces deux couleurs se marient fort bien, au contraire, surtout si le jaune est chaud de ton, car cela fait vert et or; mais par exemple, pour donner de l'harmonie à votre ameublement, la bordure du papier doit rappeler vos rideaux; ainsi il faut qu'elle soit dorée ou que ce soit une baguette d'or qui tienne lieu de bordure. Le gros bleu est encore très-joli pour papier de salon et se marie bien avec le jaune; mais par exemple, avec lui, les tentures rouges sont impossibles; enfin de quelque couleur que vous le choisissiez, un papier de salon doit toujours être ce qu'on appelle *un papier sérieux*.

Dans la salle à manger, on met des papiers couleur cuir, ou imitant le bois, et ce qui est fort joli, c'est de garnir les fenêtres de rideaux en toile grise damassée de blanc, rideaux dont la couleur ne se mange point au soleil. On peut donc les garder en toute saison et ils servent encore, quand ils sont usés, ce qui n'arrive pas avant un très-long temps, à faire des torchons pour essuyer l'argenterie et les meubles. Cette toile grise est fort épaisse; on la garnit d'une large bande de serge verte, posée tout autour; ces rideaux se relèvent avec des embrasses en laine verte également; et on couvre la table à manger d'un grand carré de cette toile, comme tapis.

Pour cela, on met encore tout autour de ce carré de toile, en laissant comme aux rideaux une main ou une demi main d'espace, selon la hauteur que doivent avoir ces rideaux, un large morceau de serge verte posée à plat, puis on ajoute un gros gland de laine verte à chaque coin; puis encore, pour éviter la sécheresse et la rigidité que pourrait avoir un tapis de toile sur une table, on double son carré avec un morceau de vieille couverture, soit en laine, soit en coton.

Les rideaux en algérienne, ou en damas de laine, ou en laine à gros grains, font encore très-bien dans une salle à manger, seulement ils sont moins économiques que les premiers que j'ai cités.

Dans une salle à manger, si l'on met des tableaux, ils doivent être des natures mortes, des paysages, des chevaux, des chiens ou des chasses. Un baromètre et une pendule appliquée au mur font très-bien dans une salle à manger.

Un cabinet d'homme doit être sévère, le papier gros vert est le préféré, et les étoffes épaisses pour rideaux et portières. La garniture de cheminée en marbre ou en bronze: on n'y met pas de tableaux, à moins que ce ne soient des tableaux de prix. C'est dans ce cabinet qu'on place la bibliothèque. Il est aussi très-bien d'y faire adapter une grande armoire, soit apparente en acajou ou en palissandre, comme le reste des meubles, soit sous tenture; cette armoire sera destinée à contenir tout le linge et tous les vêtements de votre mari, de façon qu'il pourra trouver dans son cabinet tout ce dont il aura besoin, quand il y passera le matin en se levant, et c'est un moyen bien simple d'éviter l'encombrement désagréable qui résulte toujours d'une commune habitation.

Il est bon aussi d'avoir un cabinet avoisinant la chambre à coucher, pour pouvoir y serrer ses robes, ses cartons, etc., etc., et y mettre, pendant le jour, les tables de nuit, les oreillers, la veilleuse, et généralement tout ce qui sert, jour et nuit, aux soins qu'exige la propreté. S'il est possible d'y mettre une petite fontaine que remplira le porteur d'eau, vous simplifierez beaucoup le service de votre bonne.

CHOIX D'UNE CUISINE. — DE SES USTENSILES

DE SON ENTRETIEN

Une chose dont vous devez vous assurer, quand vous prenez un appartement, c'est si la cheminée et les fourneaux de la cuisine sont en bon état et fonctionnent bien ; car si la cheminée fume, d'abord votre cuisinière en souffrira, puis il lui sera impossible de tenir sa cuisine propre, les murs s'imprégnant de fumée, les vitres devenant aussitôt épaisses et jaunâtres, et les cuivres se couvrant journellement d'une poussière fine et noirâtre qui les ternit et brave les plus grands soins ; de plus, cette fumée est une occasion de dépense ; la nécessité d'ouvrir à chaque instant les portes et les fenêtres, empêchant que la pièce ne s'échauffe et contraignant à brûler ainsi inutilement beaucoup de bois.

Veillez aussi à ce que vos fourneaux ne soient pas trop grands et qu'ils tirent bien, car dans le premier cas, ils brûleraient inutilement trop de charbon, ce qui serait ruineux ; dans le second, c'est-à-dire s'ils ne marchaient pas bien, la vapeur du charbon se répandrait dans vos mets et dans votre appartement, ce qui est désagréable et malsain.

Ne craignez pas de multiplier les ustensiles dans votre cuisine, ils coûtent peu et ils épargnent beaucoup de soins et de dépenses, car un plat réussi fait infiniment plus de profit qu'un plat manqué ; et se servir, comme disent les cuisinières, de la *première chose venue*, est toujours un mauvais système. Ainsi, s'agit-il, par exemple, de faire griller du pain et de cuire des pommes. Si l'on met une pincette couchée sur un fourneau ou placée devant le feu pour arriver à cette opération, à défaut de l'ustensile nécessaire en pareil cas, il adviendra que le pain brûlera, que les fruits, rôtis à la superficie, seront durs dans le cœur, laisseront couler leur jus dans les cendres et prendront un petit goût de charbon des plus désagréables ; tandis que si votre pain avait rôti à l'aide d'un petit *grille-pain*, et si vos pommes avaient cuit dans un *pommier* en tôle, ustensile *ad hoc*, on eût épargné du temps, de la peine, et on eût mangé une très-bonne chose, au lieu d'une chose détestable.

De même que si l'on fait une grillade sur une pincette, la viande sera brûlée à l'extérieur, crue à l'intérieur ; on en mangera peu, on demandera autre chose, ce qui entraînera forcément double dépense, puisque cette viande ainsi cuite sera perdue.

Une bonne ménagère doit donc avoir dans sa cuisine plusieurs grils de dimensions diverses et destinés à divers services, car les saucisses et autres petites grillades de porc ne veulent pas celui qui sert à faire cuire les côtelettes ou les beefstakes ; il faut aussi avoir un gril ne servant qu'au poisson.

Il faut également que les grils soient, par leur dimension, en rapport avec ce qu'on doit faire cuire; ainsi pour des rognons de mouton, par exemple, vous ne devez pas vous servir du gril à cotelettes et à beefstaeks qui serait trop grand, et cela parce que sous un grand gril, il faut plus de charbon que sous un petit, il en résulterait donc une perte de combustible, perte minime, peut-être, mais tout l'art d'une bonne ménagère consiste à éviter ces petites pertes qui, répétées souvent, finissent par devenir très-grandes.

Pour que votre bonne, ou votre cuisinière, ne prenne pas la mauvaise habitude de secouer la salade dans un torchon pour la faire égoutter, ayez un de ces petits paniers à salade en fer battu, qu'on voit partout, car, secouer la salade dans un torchon offre plusieurs inconvénients ; d'abord on use le linge en l'agitant fortement, en l'humectant souvent ; puis la salade reste humide ; alors on doit la mettre dans un second linge, l'essuyer en la tamponnant à plusieurs reprises, chose qui la flétrit, lui donne un petit arrière-goût de torchon mouillé et fait perdre beaucoup de temps : divers inconvénients que n'a pas le panier à salade ; seulement il faut que votre domestique ait le soin, quand elle s'en est servie, de bien l'essuyer intérieurement avec un torchon de laine pour qu'il ne prenne pas de rouille.

Les écumoires aussi doivent être en nombre, afin que celles qui sont employées, soit aux courts-bouillons de poisson, soit à la friture, ne servent jamais qu'à cet usage. Chacune d'elles aura donc sa destination spéciale. Pour les nettoyer on se servira à l'extérieur d'une brosse dure, afin de pouvoir faire sortir la malpropreté de tous les trous, et à l'intérieur, de la lavette. Il faut avoir soin de séparer les écumoires qui servent au gras de celles affectées au maigre, afin de ne pas donner mauvais goût à la chose pour laquelle elle devra être employée. Quant aux écumoires destinées aux confitures, elles doivent faire complétement bande à part avec les autres.

Ayez plusieurs passoires et tamis en crin, les uns pour les choses faites à la graisse, les autres pour celles qui se font au beurre; faute de ce soin, on trouve souvent un petit goût désagréable au potage qu'on mange, sans pouvoir savoir d'où vient ce mauvais goût.

Ne laissez jamais se servir chez vous de lardoires en cuivre, car malgré les plus grandes précautions, il peut s'y mettre du vert de gris, n'étant pas possible de les nettoyer jusqu'au fond, en raison de leur étroitesse. Or, comme les lardoires de fer ont les mêmes avantages, sans faire courir aucun danger, c'est de celles-ci que vous devez laisser faire usage dans votre cuisine.

Il faut également avoir plusieurs moules, les uns pour les gâteaux, les autres pour des plats montés avec de la viande, et, pour les moules comme pour les écumoires, ceux qui servent aux plats doux ne doivent pas servir aux plats gras. Du reste ces moules coûtent peu en les prenant en fer battu, ce qui est aussi solide que le cuivre, et n'offre pas le même inconvénient que le vert de gris.

Enfin, prenez comme règle générale de n'avoir en cuivre, dans votre cuisine, que les ustensiles qui peuvent facilement se nettoyer ; de plus, passez-en souvent l'inspection, et n'hésitez pas à les faire étamer à la plus légère atteinte.

Beaucoup de ménagères préfèrent l'usage des poêlons, des casseroles en fer battu et des cocottes en fonte aux objets en cuivre, et en raison du danger, et en raison de l'entretien de ces derniers. Elles peuvent avoir raison, seulement la cuisine dans ces ustensiles demande plus de soin pour ne pas prendre un petit goût graillonné des plus désagréables. Mais dans tous les cas possibles, pour qu'une cuisine soit bien faite, le premier de tous les ingrédients, c'est le temps et la patience, deux choses des plus économiques, car en commençant de bonne heure à faire sa cuisine, on brûle peu de charbon, un petit feu couvert pouvant suffire, tandis que quand on veut la faire marcher en poste, il faut allumer de grands fourneaux qui dévorent tout.

Les ustensiles en cuivre sont donc plutôt la décoration que le besoin d'une cuisine, aussi, tous ces ustensiles doivent-ils être toujours rangés avec ordre et tenus dans une très-grande propreté à l'intérieur comme à l'extérieur.

C'est plus encore sur la tenue d'une cuisine que sur celle d'un appartement, qu'une bonne doit être jugée, et cette propreté rigoureuse d'une cuisine est non-seulement indispensable comme ordre, mais encore comme hygiène ; on ne se rend pas assez compte combien le manque de soin d'une domestique en ce lieu peut faire courir de dangers à ses maîtres.

Je recommanderai à une bonne maîtresse de maison d'avoir dans sa cuisine plusieurs petits mortiers avec leurs pilons, soit en bois, soit en marbre, soit en fonte, pour piler le sucre, le chocolat, le sel, les herbes, etc. Je préfère cet usage aux râpes, que l'on peut difficilement tenir propres, aux égrugeoirs et surtout à la mauvaise habitude qu'ont beaucoup de cuisinières de presser dans leurs mains les fruits et les légumes qu'elles veulent réduire en pâte. D'abord c'est très-malpropre, puis une partie considérable s'attache à la peau des mains ; on perd donc de la matière et du temps pour se débarrasser de cet enduit.

Et, je le répète, une maîtresse de maison ne peut être véritablement bonne ménagère qu'en faisant régner l'ordre le plus strict chez elle.

Une maison bien tenue entretient toujours en bon état une paire de balances dans sa cuisine, non-seulement parce qu'il est sage de peser de temps en temps les choses qui vous sont apportées, telles que viande de boucherie, beurre, sucre, etc., mais encore pour montrer aux fournisseurs et aux domestiques que vous pouvez le faire, ce dont ils se méfient à votre avantage.

Il doit y avoir aussi dans une cuisine, au moins une petite armoire en dehors de celle qui renferme les provisions pour la journée, le beurre, la graisse, etc., car il ne serait ni sain, ni propre de serrer dans cette dernière armoire les torchons sales et autres linges nécessaires à la cuisine ; et, cependant, on ne peut pas laisser traîner ces choses-là à travers la pièce, d'autant que cela lui donnerait une mauvaise odeur qui ferait du mal à la domestique et pourrait faire tourner ses sauces. Pourtant, il ne faut pas renfermer de suite ce linge souillé, il faut le débarrasser de son humidité auparavant ; et pour cela, ordonnez à votre bonne ou cuisinière d'étendre tous les soirs, avant d'aller se coucher, les torchons qui lui ont servi, durant le jour, sur une petite corde, et le lendemain matin, quand ils seront secs, elle mettra dans cette armoire destinée à cet effet, les torchons et autres linges que leur malpropreté met hors de service ; ou continuera à se servir de ceux qui, ainsi séchés, peuvent rendre des services encore.

Il faut avoir soit une caisse, soit un panier, soit un porte-fumier pour y mettre les ordures que la cuisine entraîne forcément avec elle ; mais cet objet ne doit pas être très-grand. Sans cela, avec la négligence ordinaire aux filles de service, ce réceptacle ne serait pas vidé tous les jours ; et il régnerait chez vous une odeur aussi désagréable que malsaine.

Pour empêcher la mauvaise odeur de régner dans la cuisine, et la mauvaise odeur est l'ennemi le plus dangereux de ce lieu, il faut veiller à ce que la pierre d'évier soit toujours nettoyée avec le plus grand soin. Ce nettoyage se fait à l'aide de la potasse et d'une brosse grossière, puis on rince avec de l'eau fraîche ; mais, pour compléter la chose, il faut que la cuisinière ait le soin de couvrir la bonde fermant la grille par où s'écoule l'eau, et cela quand les trous de cette grille sont complétement débarrassés de toutes les ordures qui auraient pu s'y attacher, de couvrir, dis-je, la bonde, après qu'elle est bien fermée, avec un tampon de vieux linge trempé dans du vinaigre ; de la sorte votre pierre d'évier ne répandra aucune évaporation malsaine.

Cette petite opération se fait matin et soir quand on a fini de laver sa vaisselle.

Il faut avoir, sur la pierre d'évier, une sorte de petit râtelier en bois blanc pour y faire égoutter pendant quelque temps les assiettes, quand elles viennent d'être lavées. C'est un mauvais système que cette vieille habitude qu'ont beaucoup de servantes de les essuyer aussitôt qu'elles sortent de l'eau. D'abord, l'opération, faite ainsi, laisse toujours aux assiettes un peu d'humidité graisseuse qui nuit à leur propreté; puis on salit beaucoup plus de linge pour les essuyer, et non-seulement le blanchissage du linge coûte fort cher, mais de plus il l'use beaucoup.

Pour laver la vaisselle, il ne faut pas se servir d'un vieux chiffon hors de service, mais on doit avoir une sorte de gros pinceau fait avec de très-gros fils ou de la petite ficelle, qu'on a soin de bien laver chaque fois qu'on s'en est servi, et qu'on arrose très-souvent de vinaigre pour empêcher la mauvaise odeur de s'attacher après.

Il est indispensable que l'eau qui sert à laver la vaisselle soit très-chaude, et de plus elle doit être renouvelée plusieurs fois durant l'opération. Sans cela, les assiettes et les plats garderaient un arrière-goût des plus désagréables.

Tout ce que je conseille là est bien infime et bien vétilleux, je le sais; mais les soins nécessaires pour l'entretien des objets de cuisine étant continuels et partant ennuyeux, c'est principalement ce que négligent les domestiques; c'est donc aussi ce qui doit attirer l'attention d'une bonne maîtresse de maison qui veut que tout soit propre et en ordre chez elle.

Les pots ou boîtes, qui servent à mettre du lait, doivent être lavés dans de l'eau très-chaude et très-pure, aussitôt qu'ils sont vides. Il ne faut jamais s'en servir pour y mettre du bouillon ou un autre corps gras, car vous vous exposeriez à faire tourner le lait qu'on pourrait y verser après.

Quant à la vaisselle de dessert, il suffit souvent de la passer à l'eau fraîche.

Ne laissez donc pas votre bonne la mettre dans son eau de vaisselle graisseuse; mauvaise habitude qu'ont les domestiques et qui sert à salir ces assiettes, non à les nettoyer.

Les tables de cuisine doivent être toujours entretenues dans une très-grande propreté. Cela est facile, en les frottant avec du savon noir délayé dans de l'eau, à l'aide d'une grosse brosse très-dure. Un peu de potasse, au lieu de savon noir, fait aussi très-bon effet.

Quant aux fourneaux, on les entretient en lavant les briques avec un peu d'eau seconde mêlée d'eau. Si cela ne suffit pas pour le bien faire, on les badigeonnera tous les quinze jours ou tous les mois avec de l'ocre rouge délayée dans un peu d'eau. Quant aux couvercles, on les frotte avec de la mine de plomb, comme les queues de poêles à frire et les autres objets en fonte qui sont dans la cuisine.

Toutes les éponges petites ou grandes qui servent au nettoyage d'une cuisine, doivent être passées dans de l'eau chaude quand on cesse de s'en servir, et de temps en temps lavées dans de l'eau de javelle étendue d'eau pure pour les empêcher de s'encrasser.

Les casseroles de fer blanc doivent être nettoyées

avec un mélange de poudre de charbon et de cendre légèrement humecté d'huile commune.

Les ustensiles de cuivre légers demandent à être frottés avec un morceau de charbon neuf après qu'ils ont été d'abord lavés pour les débarrasser de la graisse, et bien essuyés ensuite avec un chiffon de laine, afin d'enlever toute la poudre de charbon qui aurait pu s'y attacher.

Défendez chez vous que l'on nettoie les casseroles avec de l'eau de cuivre, car beaucoup d'accidents sont arrivés en s'en servant. Les frotter dans l'intérieur avec du grès suffit pour leur propreté, puis, si l'on veut rendre l'extérieur brillant à l'œil, il suffit de les frotter avec du blanc d'Espagne sec, et elles reluiront comme de l'argenterie.

Cette sorte de nettoyage donne plus de peine à la bonne, et force plus souvent à faire rétamer les casseroles, j'en conviens ; mais il évite tout danger, et l'on ne peut prendre trop de précautions pour empêcher le poison de se glisser dans la cuisine.

On doit avoir toujours une boîte pleine de grès bien sec et bien fin pour pouvoir y passer et y frotter journellement les couteaux et couperets qui servent à la cuisine. Ceux de ces premiers destinés à couper les oignons, aulx, échalottes, seront mis à part et réservés pour ce seul usage, afin qu'ils ne communiquent pas leur goût et leur mauvaise odeur aux autres choses qu'on voudrait préparer.

De plus, on doit avoir une pierre à couteaux pour y repasser, tous les jours, ceux dont on se sert à table.

Dans une cuisine bien entendue, il faut avoir une

fontaine à filtre ; car les ragoûts sont meilleurs faits à l'eau filtrée et les légumes y cuisent mieux.

Une fille de service propre doit laver sa cuisine au moins une fois par quinzaine durant l'hiver, et toutes les semaines pendant l'été, car la graisse qui tombe à terre forme une crasse puante qui corrompt l'air, et je ne saurais trop le répéter, il faut toujours se préserver de la mauvaise odeur en ce lieu, et pour la santé des gens et pour la fraîcheur des mets.

« Une cuisinière sale est un être dangereux. » Prenez cela comme maxime.

Si vous pouvez accrocher un garde-manger à la fenêtre de votre cuisine, faites-le ; mais à la condition que cette cuisine soit placée au nord ; dans ce garde-manger, vous mettrez alors toutes vos viandes cuites ou crues, votre beurre, enfin les choses que vous voudrez conserver. Mais faute de ce garde-manger, ayez un buffet que vous placerez, si vous le pouvez, entre la porte et la fenêtre, afin d'y entretenir, autant qu'il sera possible, de la fraîcheur, et vous y mettrez de même, viande, beurre, etc.

Je vous conseille d'avoir une coquille en fonte pour mettre le charbon nécessaire à cuire votre rôti ; car les rôtis sont bien meilleurs ainsi faits que devant le feu d'une cheminée où ils s'imprègnent d'odeur et de fumée, et demandent beaucoup plus de calorique pour se cuire ; tandis que la cuisinière de fer battu qui s'adapte bien à cette coquille absorbe la chaleur et cuit votre viande mieux et plus vite, sans rien laisser évaporer de son arôme.

Il est d'une bonne précaution d'avoir toujours

dans votre cuisine une boîte avec de la fleur de soufre ; car, si on met le feu à la cheminée, ce qui arrive souvent quand on fait des fritures, on jette immédiatement de ce soufre sur le foyer, on bouche hermétiquement la cheminée avec un drap mouillé et le feu s'éteint aussitôt.

Il faut avoir le soin de nettoyer souvent le petit baquet qui est placé sous les robinets de la fontaine pour recevoir l'eau qui s'en égoutte : tous les 2 jours en été, une fois par semaine en hiver ; le bien rincer est une chose d'usage ; mais de plus ce petit baquet doit être passé à la potasse une fois par mois afin de le bien décrasser.

Il ne faut jamais que le bois, la braise ou le charbon soient placés trop près de la cheminée ou des fourneaux ; parce qu'il suffit de la plus petite étincelle pour causer les plus graves accidents.

Comme aussi on doit avoir une grande pelle à main, fermée à la façon des bassinoires, pour transporter le feu d'une cheminée dans une autre, et exiger formellement que vos domestiques ne se servent que de cette grande pelle, car sans cela on peut très-facilement et très-innocemment mettre le feu chez vous.

Il faut avoir une petite lampe de cuisine et défendre à sa bonne de se servir de chandelle, dont le suif peut se répandre très-facilement et dans les ragoûts et par terre. Ces petites lampes, que je vous conseille, ont la forme de flambeaux, brûlent peu d'huile et éclairent bien, si on a le soin de les entretenir toujours très-propres.

Ayez aussi dans votre cuisine un étouffoir, et ne souffrez pas qu'on éteigne le feu dans les cheminées en le couvrant simplement de cendre, car durant la nuit ce feu peut rouler et causer de très-graves accidents.

On ne doit jamais laisser traîner d'allumettes chimiques dans une cuisine parce qu'il pourrait en tomber dans les ragoûts et que le phosphore est un poison très-dangereux ; il faut donc avoir une boîte à allumettes et la tenir à distance de ses fourneaux.

Il faut aussi avoir une boîte en bois pour le gros sel gris afin d'éviter que le sel se perde, car il n'y a pas de petites économies.

DE LA CAVE

Évitez autant que vous pourrez que la cave soit trop loin de votre appartement; j'en ai vu à Paris qui, quoique dans la même maison, étaient séparées par deux cours du logement auquel elles appartenaient, et il est facile de concevoir les inconvénients qui résultaient d'un pareil état de choses, aujourd'hui qu'une bonne maîtresse de maison doit elle-même surveiller sa cave.

— L'achat des vins revient de droit aux maris; mais sa distribution de chaque jour appartient aux femmes et demande une grande surveillance.

Il est fâcheux de devoir mettre son bois dans la même cave où est le vin, même en y faisant une séparation en planches; car l'odeur et l'humidité, que porte en lui et répand autour de lui le bois, sont très-nuisibles pour la conservation du vin. Faites donc votre possible pour avoir deux caves séparées et sacrifiez plutôt la grandeur, si c'est nécessaire, pour avoir cette séparation.

Une cave doit être propre, fraîche et bien tenue. Il faut la faire balayer au moins une fois par mois, et faire répandre du sable sur le sol afin d'en conserver la fraîcheur et d'en ôter l'humidité.

Si on garde des pièces de vin pleines posées, comme cela doit se faire, sur des chantiers, il faut souvent visiter les pièces, surtout par dessous, pour éviter la moisissure qui pourrait s'attacher au bois, le pourrir et par conséquent, sinon perdre votre vin, au moins lui donner un goût très-mauvais.

Si l'on s'apercevait qu'il y eut une fuite à l'un de ces tonneaux, soit par un éclat de bois, soit par une piqûre de vers, soit par toute autre cause, il faudrait sur le champ faire agrandir ce trou à l'aide d'une vrille et le fermer ensuite avec un fausset.

Un fausset que je recommande aux bonnes ménagères est le fausset *Bellicart;* parce qu'avec lui on peut tirer le vin jour par jour, à la bouteille, sans que le vin s'altère jusqu'à la dernière goutte. Ainsi les bouteilles coûtent fort cher ; à la campagne on a souvent un petit vin bon marché qui ne mérite pas d'être mis dans du verre, eh bien, à l'aide d'un fausset Bellicart qu'on a eu le soin de placer au-dessus de la pièce, on prend le vin à même du robinet sans lui faire de tort.

Je crois bon de donner aussi un conseil à l'occasion des bouteilles : l'achat de ces choses-là est très-coûteux. Ainsi on paie 20 et 25 francs le cent de belles bouteilles ; mais à quoi sert qu'elles soient belles ? ne suffit-il pas qu'elles soient bonnes ? Quand on a du monde, le vin se met dans de petites cruches, des carafons de cristal ; quand on est seul, en famille, le plus ou moins d'élégance de votre bouteille est parfaitement indifférent pourvu que le vin qui en sorte soit bon.

Je connais donc des ménagères, et je les approuve, qui s'entendent avec leur pharmacien pour leur racheter les bouteilles à eau de Vichy. Elles n'ont rien contenu de malsain, elles sont d'un verre beaucoup plus gros, par conséquent se cassent bien moins facilement que les autres, et coûtent trois ou quatre fois moins, puisqu'elles valent dix centimes la pièce, c'est-à-dire 10 francs le cent.

Les bouteilles de vin, quand elles sont pleines, doivent être rangées avec soin sur des lattes pour les préserver des chocs de celles qui sont ou sous elles, ou sur elles ; on fera bien aussi de mettre un lit de sable entre chaque rangée, ce qui préserve mieux encore.

Les bouteilles vides doivent être placées sur des planches trouées qui sont attachées au mur, on les met la tête en bas pour que la poussière n'y puisse pas entrer ; quelques personnes emploient aussi ce moyen pour faire égoutter le vin qui peut y être resté, et elles ont tort ; car une bonne ménagère ne laisse jamais descendre des bouteilles à la cave avant qu'elles n'aient été bien rincées afin d'éviter qu'elles conservent le moindre goût ; chose pernicieuse pour le nouveau vin qu'on y mettrait.

Faites toujours mettre votre vin en bouteille par un temps beau et sec, la limpidité du vin en dépend.

Si ce n'est point une personne de confiance qui met votre vin en bouteille, surveillez de très-près cette opération. D'abord comme soustraction, car beaucoup emportent du vin à l'aide de vessies placées sous leurs blouses ; puis aussi pour vous assurer si vos bouteilles sont parfaitement propres avant qu'on ne les remplisse.

Ne faites jamais mettre du vin en bouteille pendant le temps des équinoxes, ni pendant le moment de la floraison de la vigne, parce que le vin fermente alors.

On ne doit mettre le vin en bouteille qu'après qu'il a été collé ; et huit ou dix jours au moins doivent séparer ces deux opérations.

La méthode la plus usuelle pour coller le vin est l'emploi des blancs d'œufs pour le vin rouge et de la colle de poisson pour le vin blanc. Quatre blancs d'œufs suffisent pour une pièce de trois cents bouteilles.

Voici comment on s'y prend pour opérer cette clarification qu'on désire.

On retire d'abord trois ou quatre bouteilles de vin de la pièce qu'on veut clarifier, on bat ensuite dans un saladier les quatre blancs d'œufs avec une demi bouteille d'eau pure filtrée, on y joint une poignée de gros sel gris ; puis, à l'aide d'un entonnoir, on verse cela dans la pièce de vin dont la bonde a été enlevée. Ensuite avec un gros bâton on remue le vin bien fort pour répandre partout du mélange. Ceci fait, on remet dans la pièce tout ce qu'elle peut contenir du vin que l'on a pris à l'aide du même petit entonnoir par lequel on a fait entrer les œufs ; cela sert aussi à entraîner ce qui pourrait y être resté attaché, et tout cela terminé, on remet la bonde qu'on a eu le soin de regarnir d'un morceau de toile propre.

Il faut un litre de colle de poisson toute préparée pour une pièce de vin blanc. On bat cette colle avec du gros sel gris et un peu de vin qu'on vient de tirer de la pièce, et on arrange tout absolument comme on fait pour le vin rouge. La colle remplace les blancs d'œufs, voilà tout.

Les bouteilles de vin blanc demandent à être beaucoup plus surveillées que celles de vin rouge, parce que leur contenu fermente et travaille toujours, ce qui entraîne souvent des explosions quand on n'y prend pas garde, et ces explosions causent doubles pertes : les bouteilles et le vin.

Les meilleures caves sont celles qui se trouvent situées au nord.

Si c'est votre domestique ou votre bonne qui va à la cave, ce qui est toujours un tort, donnez-lui autant de numéros qu'il y a de bouteilles de vin dans la pièce, et chaque fois qu'il montera un panier, vérifiez-le et faites-vous donner autant de numéros qu'il y a de bouteilles, et en conservant soigneusement ces numéros, vous pourrez facilement vous rendre compte si toutes les bouteilles ont été bues à votre table quand on vous dira que votre vin est achevé.

Ces numéros se font sur des cartes coupées en quatre.

Les vins fins et étrangers se tiennent dans un petit caveau particulier, et c'est habituellement le maître de la maison qui seul en a la clef.

Dans les grandes chaleurs et dans les fortes gelées, on doit faire boucher les soupiraux de ses caves avec de la paille ou du foin parce que les deux excès, froid et chaud, nuisent également au vin.

Quand vous gardez pendant quelque temps du vin en pièces, il faut avoir le soin de les faire examiner de temps en temps par un tonnelier, d'abord pour vous assurer qu'elles n'ont aucune fuite, puis pour les faire remplir si elles en ont besoin, ce qui doit être fait avec la même qualité de vin que celui qu'elles renferment.

Pour acheter du vin adressez-vous à une personne de confiance et n'en changez pas légèrement, car les changements de fournisseur nuisent toujours ; règle générale les nouveaux venus ayant toujours le plus mauvais, comme les anciennes pratiques le meilleur.

Exigez de votre marchand de vin que les tonneaux qu'il vous envoie soient toujours neufs et non d'occasion ; car d'abord ce tonneau vous arrivera sans avoir répandu de vin en chemin, puis il n'entraînera aucun accident si vous voulez le conserver plein pendant quelque temps ; de plus une vieille pièce peut donner un très-mauvais goût à votre vin.

Faites de temps en temps visiter votre cave par un bon tonnelier.

Un bon tonnelier est à une cave ce qu'un bon vétérinaire est à une écurie.

Voici un moyen d'arrêter la fermentation des vins blancs nouveaux et de leur conserver leur douceur primitive :

Pour un tonneau de trois hectolitres, on achète trois livres de farine de moutarde que l'on commence par délayer dans deux litres du même vin. — On entonne ce mélange par la bonde du tonneau.

Au bout de quelques jours, dès que le vin est clair, on le soutire dans une autre pièce pour le soufrer, et le mettre plus tard en bouteilles.

Les vins blancs du nord, en général, d'une saveur acide et austère, acquièrent au moyen de cette préparation simple, la douceur de la plupart des bons vins blancs de Bordeaux et de Chablis.

Des bouteilles et des soins qu'elles réclament.

Mettre le vin en bouteilles est le meilleur moyen de le conserver et de l'améliorer.

Les vases en terre ou en grés, dont se servaient les peuples de l'antiquité, ont un grave inconvénient avec leur porosité. Quant aux outres, encore employées en Espagne, elles communiquent au vin une odeur désagréable ; *il sent le bouc.* Le verre bien fabriqué est ce qu'il y a de mieux ; il ne laisse pas transsuder le vin, et résiste à toutes les variations de la température.

Il faut pour cela un choix judicieux de bouteilles neuves ; car de vieilles bouteilles, ayant servi, exigent une grande propreté, à cause du tartre qui s'y attache.

Les rincer de manière à les approprier à l'usage n'est pas œuvre facile, quoiqu'on y réussisse en employant de l'eau tiède, fréquemment renouvelée et des grenailles (plomb menu de chasse). De plus, il importe de laisser égoutter les bouteilles pendant vingt-quatre heures au moins, en les plaçant le goulot en bas, dans une planche percée de trous.

Mais jamais on ne se servira de bouteilles ayant contenu des huiles essentielles, des corps gras ou même du vinaigre.

Les bouteilles neuves, de dimensions et de formes semblables, au moins pour les vins fins, méritent la préférence. Pour une économie de quelques centimes, qui voudrait s'exposer à compromettre un vin valant plusieurs francs, et inappréciable lorsqu'il est vieux ?

Les bouteilles en verre blanc ont l'inconvénient de ne pas permettre au tartre de s'attacher avec solidité, ce qui expose les vins à un dérangement nuisible, chaque fois qu'on les change de place. Il faut donc éviter de s'en servir, pour les vins rouges surtout.

Inutile d'ajouter que, neuves ou vieilles, toutes les bouteilles doivent être d'une propreté irréprochable à l'intérieur et à l'extérieur, sans le moindre goût, sans odeur aucune, avant de recevoir le vin qui leur est confié.

Un excellent procédé consiste à les rincer avec du cognac et non avec du vin, car celui-ci, bien que soigneusement égoutté, pourrait s'éventer ou s'aigrir. L'eau-de-vie de Cognac doit être de la meilleure qualité. Le rinçage a pour résultat d'enlever de la bouteille tout principe aqueux. Il faut laisser égoutter ou évaporer complétement l'eau-de-vie, afin de ne point communiquer au vin un goût étranger. Le parfum de chaque cru doit être conservé dans toute sa pureté.

Des bouchons.

Le choix des bouchons a aussi une grande importance ; le liége en doit être souple, uni, exempt de porosité ; ils seront neufs, car de vieux bouchons gardent presque toujours de l'odeur, même en étant retaillés.

Moyennant ces conditions, le bouchon ne casse pas dans le goulot, ne se fendille pas, et ne laisse point échapper le vin. C'est la première qualité de bouchons qu'il faut employer ; et le surcroît de dépense se trouve vite compensé par la conservation et l'amélioration du vin. Un bouchon qui entre trop facilement ne peut convenir. Le tireur aura soin de ne pas laisser plus d'un centimètre de jour entre le bouchon et le liquide. Pour les grands vins des bonnes récoltes, que l'on compte garder longtemps, il faut faire boucher à l'aiguille une partie des bouteilles, c'est un moyen certain de conserver le vin en parfait état, plusieurs années de plus qu'avec le système de bouchage ordinaire. On empêchera le tonnelier ou le domestique chargé de veiller sur le vin en bouteille de les serrer entre leurs dents pour les humecter de salive, sous prétexte de les rendre plus malléables. La salive d'un fumeur, par exemple, leur communiquerait une odeur de tabac qui nuirait au vin, lequel est très-susceptible au moment de sa mise en bouteille. Les mains qui manient les bouchons doivent être très-propres, lavées avec le plus grand soin, à l'eau tiède sans savon.

Pour éviter tout inconvénient, il faut exiger que le tireur de vin se munisse d'une machine à boucher ; cette façon d'opérer réunit à l'avantage d'un meilleur bouchage, une irréprochable propreté.

Du goudronnage des bouteilles.

Le goudron est indispensable pour fermer les bouteilles hermétiquement, et mettre le bouchon à l'abri des insectes, des cloportes qui l'attaquent, enfin pour rendre le vin inaccessible à l'action de l'air ainsi qu'à la transsudation.

Voici la recette du meilleur goudron à employer.

Prenez un kilogramme de poix-résine, un demi-kilogramme de poix de Bourgogne, deux cent cinquante grammes de bonne cire jaune, cent vingt-cinq grammes de mastic rouge, faites fondre le tout dans une casserole en fonte ; retirez du feu quand le goudron monte, remuez avec une spatule, et remettez au feu jusqu'à fusion complète. Cette mixture servira pour environ trois cents bouteilles.

Afin de bien goudronner, on plonge dans la liqueur en fusion le goulot de la bouteille jusqu'à un centimètre sous la bague, en la tournant régulièrement de manière qu'elle se coiffe d'une enveloppe transparente, ayant une épaisseur égale autant que possible.

Pour les vins fins qui peuvent supporter cette petite dépense, la *capsule en étain* doit être préférée au goudronnage. Elle donne à la bouteille une apparence plus élégante et elle n'a pas l'inconvénient de salir les nappes ou le plancher par ses débris.

Manière de placer les vins.

La plupart des vins fins, tels que ceux des grands crus de France, doivent être placés dans des caves conformes aux conditions que nous avons indiquées. C'est là qu'ils se conservent le mieux, et s'améliorent sans cesse, selon le degré de longévité propre à chaque qualité de vin.

Quant aux vins dits de liqueur, dans lesquels nous comprenons les vins d'Espagne : *Malaga, Alicante, Pajarète, Xérès ;* de Portugal : *Porto, Madère, Ténériffe ;* de Grèce : *Chypre, Malvoisie ;* d'Italie et de Sicile : *Lacryma-Christi, Marsala ;* un local chaud leur convient; par conséquent, on les place dans un cellier.

A Madère, on ajoute à la chaleur et à la force des vins de choix, en les déposant dans des étuves, dont la température élevée leur donne une vieillesse anticipée, sans nuire à leur conservation.

Procédé pour clarifier le vin contenant de la lie.

Il arrive bien souvent que le vin d'un tonneau, avant d'être épuisé jusqu'aux dernières bouteilles, se mélange à la lie, ou qu'en terme de caviste, la lie remonte : il faut alors soulever la pièce, attendu que la clarification ne s'opère pas, surtout quand c'est du vin vieux et délicat. On emploie le moyen suivant. On prend une, deux, trois ou quatre feuilles de papier gris bien fongeant; on les mouille, on les presse dans la main, et on les pile longtemps dans un mortier de pierre ou de marbre, ou, à défaut, sur une pierre polie avec un maillet. Quand on a réduit ce papier en bouillie, on le met dans le seau contenant le vin à clarifier, et on jette le tout sur une chausse de laine; le papier s'attache à la chausse et le liquide filtre clair; si les premières portions sont troubles, on les rejette sur la chausse. Il faut que cela s'exécute lestement, pour ne point laisser évaporer l'arome et l'esprit de vin. Ce procédé est plus expéditif et meilleur que la filtration trop longue à travers le papier sur un entonnoir. On peut filtrer de la sorte toutes les liqueurs, le vinaigre, etc.

ARRANGEMENT DE SON APPARTEMENT AU PRINTEMPS

ET QUAND ON LE QUITTE POUR UNE ABSENCE

Le printemps est le moment où l'on fait déposer les tapis de son appartement, qu'on le quitte ou qu'on y reste. A Paris on charge tout simplement les tapissiers du soin de battre et de conserver ses tapis ; mais en province et à la campagne voilà comment on doit s'y prendre :

Une fois le tapis décloué du parquet sur lequel il est étendu, on le fait mettre sur une grosse corde, tendue soit dans la cour, soit dans le jardin, et on le fait battre à tour de bras avec de bons gourdins ; puis on le roule en y jetant quelques poignées d'herbes odorantes, telles que menthe, thym, vétiver, etc., et une fois bien roulé et attaché très-serré avec une grosse corde, on le met dans la cave, non sur la terre, mais sur une planche ; et si la cave n'est pas humide il se conserve parfaitement sans qu'on doive s'en occuper ; mais si au contraire la cave est humide et qu'on ne puisse pas placer ce tapis ailleurs, il faut le sortir de temps en temps pour l'exposer au grand air.

Avant de faire déposer ses tapis, ce qui cause toujours beaucoup de poussière, il faut faire décrocher tous les rideaux et les portières, couvrir les meubles de serviettes, et envelopper les bronzes et dorures de leurs chemises d'été.

J'ai déjà dit que dans une maison bien ordonnée il doit y avoir double paire de rideaux : ceux d'été et ceux d'hiver, si la famille habite également la ville durant la belle saison ; car si on va à la campagne les rideaux d'été sont parfaitement inutiles, puisqu'on laisse les fenêtres sans garnitures après avoir ôté les tentures qui les ornent afin de les nettoyer, brosser et serrer avec soin dans des armoires. On doit aussi avant de les serrer, nettoyer les anneaux : ceux qui sont dorés, on se contentera de les essuyer avant de les mettre, un à un, dans du papier de soie, ceux qui sont en cuivre, on les nettoyera avec un peu de tripoli.

On couvre de gaze argentine pendant l'été, tout ce qui est dorure, porcelaine, statuettes etc., afin de les préserver du contact des mouches ; mais ceci est bien si on reste chez soi, tandis que si l'on quitte son appartement pour quelque temps, on fera fort bien de mettre dans des armoires tout ce qui peut s'enlever facilement en porcelaine, dorures, etc., après avoir bien essuyé et enveloppé le tout dans du papier ; mais pour ce qui est adhérent au mur ou qui est trop difficile à remuer, on remplace la gaze argentine par quelques feuilles de papier qu'on recouvre d'un gros calicot très-serré.

Quant aux meubles, il suffit pour les personnes qui passent l'été chez elles de les couvrir de housses, qu'on enlève une fois par semaine pour les bien battre et les bien brosser, dans la crainte que les vers ne s'y mettent.

Mais quand on quitte son appartement pour plusieurs mois, on fait rassembler au milieu de chaque pièce les meubles qui la garnissent, après qu'ils ont été bien nettoyés et bien battus. On saupoudre, tous ceux qui sont en laine, de poivre mêlé de camphre pour les préserver des vers ; pour les meubles de soie, on se contente de faire couler de l'essence de vétiver à travers les sangles. Puis on étend des draps de domestique sur tout le tas formé par ces meubles.

Ce soin pris, on étend les couvertures des lits sur les tables, consoles, etc., ceux de ces meubles qui sont dorés doivent être préalablement enveloppés de papiers fins.

Il est bon de traiter les couchers comme les meubles en laine pour les préserver des vers ; mais si l'on craint de retrouver l'odeur du camphre et du poivre quand on aura besoin de s'en servir, on peut établir des paquets de vétiver entre chaque matelas ; ou mieux encore : imbiber une brique de savon d'eau de javelle, la laisser sécher, et quand le savon est revenu à son état naturel, le râper sur les objets que l'on veut conserver.

Un excellent moyen d'empêcher les vers de se mettre dans votre appartement pendant votre absence est celui-ci :

Après avoir enlevé tous les rideaux des fenêtres, même les petits rideaux, faites bien barbouiller les carreaux de vos fenêtres avec du blanc d'Espagne délayé dans de l'eau. Les papillons, petits et grands, recherchent la lumière, aussi tous les petits papillons à vers qui sont dans votre appartement iront-ils sur ces carreaux, et comme le blanc d'Espagne est un poison pour eux, ils mourront au lieu de se reproduire.

Si vous devez quitter votre appartement, faites enlever les cendres de vos cheminées et faites baisser les plaques de tôle qui les ferment, seulement avant cet enlèvement vous aurez eu le soin de faire couvrir de linge les garnitures des cheminées et l'étoffe dont on les habille aujourd'hui; mais si vous restez chez vous, laissez les cendres que vous arrangerez en pente et que vous couvrirez de mousse semée de petites fleurs. Les fleurs artificielles qui ne seront plus assez fraîches pour vous servir soit pour coiffure, soit pour bonnet seront excellentes pour cet usage.

Pendant l'été les fleurs remplacent le luxe des étoffes et des dorures pour les personnes qui restent chez elles.

Mais en cas de départ, si les tableaux qui ornent vos appartements ne sont pas d'une trop grande dimension, faites-les décrocher, faites bien épousseter les cadres devant, dessus, dessous et derrière, puis placez-les en tas dans un des coins de la pièce, séparés seulement les uns des autres par un tampon de papier mis à l'endroit où ils se joignent, afin d'éviter que le frottement des deux cadres en gâte la dorure; ensuite recouvrez le tas d'une grande couverture.

Si au contraire vos cadres sont grands, recouvrez-les, sans les déplacer, d'une grande toile qui servira tous les ans à ce même emploi.

Tous les cuivres de vos cheminées doivent être nettoyés et enveloppés de papier, si faire se peut, et le noir des cheminées passé à la mine de plomb.

Les pelles et les pincettes si elles sont en cuivre. doivent être passées au tripoli et enveloppées de papier ; si elles sont en acier, on les graisse avec un peu de suif pour les préserver de la rouille, puis on les entoure également de papier et on les place dans une armoire avec les petits balais, les soufflets et autres accessoires du même genre.

Toutes les lampes dont on ne doit pas se servir durant l'été, doivent être d'abord remplies d'huile, préparées comme si on allait s'en servir, puis renfermées dans une armoire.

Pendant tout l'été il faut veiller à ce que ses fontaines soient entièrement remplies d'eau, sans cela l'effet de la sécheresse serait de faire fendre la pierre.

Quand on doit rester longtemps absent de chez soi, au lieu de laisser les matelas les uns sur les autres, même avec les précautions que j'ai conseillé de prendre pour les garantir des vers, il est préférable de les isoler ; ainsi après les avoir bien secoués, bien battus, on étend un grand drap par terre, on les place sur ce drap un peu espacés les uns des autres, de la sorte ils prennent l'air, ce qui leur fait du bien; mais il est sage en même temps de les saupoudrer d'ingrédients propres à éloigner la vermine.

Vous avez dû aussi faire bien épousseter vos glaces et vous les avez fait recouvrir de la même façon que vos tableaux.

Pour toutes ces choses-là, on conserve des vieux draps de domestiques, des draps en calicot hors de service, enfin on a la précaution de ne rien laisser perdre, car tout sert au besoin dans un ménage bien entendu.

Si vous restez dans votre appartement pendant l'été, il faut avoir le soin de faire fermer les persiennes et les fenêtres durant les heures de la grande chaleur, ce qui est nécessaire pour votre santé et pour la conservation de votre mobilier, mais ce qui est une chose que les domestiques répugnent à faire prétendant que les fenêtres ouvertes donnent de l'air, et ne voulant pas croire qu'elles le retirent au contraire.

Si vous quittez votre appartement pour longtemps, faites bien fermer vos persiennes, vos fenêtres et vos volets, si vous en avez. S'il n'y en a pas et que vous puissiez mettre des couvertures devant les croisées pour intercepter le jour, vous ferez très-bien.

Si vous voyagez et que vous n'emportiez pas votre argenterie avec vous, placez-la ou à la banque ou chez votre notaire ; mais il est imprudent de la laisser chez vous sans vous.

Comment il faut, au printemps, arranger ses vêtements d'hiver pour les conserver frais et en bon état.

Que l'on quitte ou non son appartement pendant l'été, il faut, quand vient la belle saison, s'occuper de renfermer les vêtements dont on n'aura plus besoin avant un très-long temps ; mais pour éviter tout accident, il faut d'abord que ces vêtements soient bien nettoyés avant de les serrer. Ainsi prenons d'abord les habits de drap et les robes de laine.

On les bat bien fort pour en faire sortir toute la poussière qui s'y trouve, on les brosse ensuite avec soin ; puis on les plie avec attention et on met, dans le milieu du pli principal, un gros sachet rempli de camphre et de poivre dit *mignonnette*.

Si ces effets sont trop malpropres pour que vous puissiez les nettoyer chez vous, soit en faisant laver les robes dans de l'eau où aura bouilli du bois de panama, ou de la saponaire, soit en ôtant les taches des habits avec de l'eau écarlate ou de la benzine, envoyez-les de suite au dégraisseur, sans attendre votre retour ; car non-seulement les taches s'agrandissent et s'invétèrent, ce qui donnerait plus de difficulté à les enlever, et par conséquent vous coûterait plus cher de nettoyage, mais encore comme la malpropreté engendre la vermine, vos précautions seraient nulles pour conserver ces objets.

Les robes d'étoffe doivent être bien essuyées et bien brossées avant de les envelopper dans un grand linge et de les serrer dans une armoire.

Les robes et les vêtements de velours doivent être battus et brossés dans le sens du poil, comme les vêtements de drap ; seulement il ne faut jamais les plier à l'envers, dans la crainte de leur donner de faux plis. Si on a assez de place pour les tenir accrochés dans de grands sacs bien fermés, comme on fait pour les robes de bal, cela vaudra mieux que de les plier ; mais si on n'a pas de place, il faut les plier à l'endroit et les bien envelopper avant de les serrer.

Pour conserver les châles de cachemire ou de tissus de laine précieux, voilà comment il faut s'y prendre :

D'abord secouez bien votre châle, brossez-le avec une brosse très-douce, pliez-le dans ses plis avec le plus grand soin pour en éviter de faux, ce qui lui donnerait un air fripé, puis cousez-le dans un gros linge encore humide de la lessive, après avoir eu le soin d'y mettre des paquets de vétiver de l'Inde.

Votre paquet doit être fait très-serré, et vous le tenez enfermé dans un endroit complétement privé de jour et d'air.

On ne doit toucher à ce paquet que quand les grandes chaleurs sont totalement passées.

Pour les fourrures, manchons, pèlerines, etc., on les fait descendre au grand air et bien battre pour en ôter toute poussière, puis on les enveloppe d'une serviette humide aussi, ayant eu le soin avant de les saupoudrer de gros poivre et de camphre ; cela fait, on met sa fourrure, ainsi emmaillottée, dans une caisse ou dans un carton, sur les ouvertures duquel on colle de petites bandes de papier, afin que l'air ne puisse pas pénétrer. On met ces cartons ou ces caisses soit dans un cabinet noir, soit sur une des planches de la cave, si la cave n'est pas humide, et si elle n'est pas trop hantée par les rats.

Pour les chapeaux que l'on veut conserver d'une saison à une autre, et qui sont encore assez frais pour réclamer des soins, on les renferme, couverts de papier de soie, dans un carton ou une caisse, dont on a eu le soin, comme pour les fourrures, d'enlever jusqu'à la dernière parcelle de poussière ; puis on colle aussi de petites bandes de papier sur les ouvertures, afin d'intercepter l'air entièrement.

Si le chapeau est blanc, au lieu de papier de soie, on l'enveloppe, avant de le mettre dans la caisse, dans un grand morceau de ouate commune, le glacé par-dessus, et on le sort de là aussi blanc qu'on l'y a mis.

Les étoffes bleues qui sont pendant quelque temps privées de jour et d'air, reprennent toute la fraicheur de leur couleur primitive.

4.

Pour conserver vos plumes, vous les détachez de votre chapeau, vous les secouez bien, mais doucement pourtant, vous soufflez dessus avec soin pour en faire sortir la poussière, puis vous les mettez dans un petit carton après les avoir saupoudrées légèrement de poudre et de camphre. On ferme le carton comme ceux des fourrures et des chapeaux.

Si votre mari porte un chapeau à plumes dans son uniforme, sans en détacher les plumes, vous pouvez agir comme pour les vôtres.

Si vous laissez pour un long temps des bottes et des souliers à votre mari et des chaussures de peau à vous-même, faites-les graisser légèrement d'huile d'olive, afin d'empêcher que la chaleur ne sèche le cuir et ne le fende.

Il ne faut jamais laisser de linge sale dans un appartement qu'on quitte pour quelque temps, parce que le linge y répandrait une odeur fétide qui pourrait causer de vrais dommages, puis parce que ce linge privé d'air se gâterait complètement; mais s'il ne vous était pas possible de le faire blanchir avant votre départ, ayez au moins le soin de le faire tremper dans de l'eau bouillante et de le faire étendre sur des cordes après qu'il aura été bien tordu pour en extraire l'eau.

DE LA LINGERIE

La lingerie est une partie fort importante d'une maison bien ordonnée, et je commencerai d'abord par recommander aux bonnes ménagères de se défendre d'adopter ce vieux préjugé qui existe encore en province : « *Qu'on ne saurait avoir trop de linge.* »

J'ai rencontré quelquefois des femmes imbues de cette fausse idée, et qui mettaient une gloire infinie à vous montrer d'immenses armoires remplies de linge du haut en bas, en vous disant avec orgueil :

— Voyez, j'ai bien plus de linge qu'il ne m'en faut pour le service de ma maison, et je pourrais ne faire faire la lessive que tous les deux ans, si je voulais, mais j'aime mieux faire blanchir plus souvent car tout cela jaunit.

J'aurais pu me permettre quelques observations à ce sujet en demandant à quoi servait ce linge qu'on n'employait jamais qu'à le faire blanchir, et pourquoi enfouir là un argent qui eût pu servir ailleurs. Mais pourquoi blesser les gens qu'on n'est pas forcé de corriger ? Je me contentais donc de féliciter ces fausses ménagères de leurs richesses, me promettant bien de ne jamais laisser dormir dans des armoires des fonds qui pouvaient être beaucoup mieux employés.

Six paires de draps et six taies d'oreiller pour chaque lit de maître, et quatre paires de draps pour chaque lit de domestique sont suffisants, à Paris surtout, où le défaut de grenier pour tenir le linge sale à l'air, en attendant qu'il aille à la lessive, oblige à l'entasser dans des endroits resserrés et obscurs, où il donne une très-mauvaise odeur, et où il se détériorerait promptement si on l'y laissait.

Les blanchissages étant donc rapprochés, une quantité de linge est inutile. Douze douzaines de serviettes ordinaires avec leurs nappes pour le courant, six douzaines de serviettes de belle qualité avec leurs nappes pour les jours où on a du monde, doivent également suffire pour une maison bien ordonnée.

Il est bien entendu que je parle ici généralement et que c'est à la ménagère à diminuer ou à augmenter ce chiffre, selon l'importance de sa maison, mais en restant toujours dans les mêmes proportions.

Six douzaines de serviettes de toilette ; pour ces serviettes le linge ouvré est préférable, non-seulement parce qu'il est plus doux, mais aussi parce que, comme ces serviettes doivent être mises de côté à mesure qu'elles s'usent pour servir en cas de maladie, le linge de fil en ce cas est bien préférable à celui de coton.

Si on a plusieurs domestiques, il faut encore trois douzaines de serviettes dites d'office, et trois douzaines avec leurs nappes, pour le repas des gens. Deux douzaines de tabliers à plis et à poches en toile de cretonne pour la cuisinière, deux douzaines de grands torchons en toile écrue, avec des cordons, pour préserver le tablier pendant *qu'elle travaille*, afin que son tablier soit toujours propre, soit quand elle sort pour faire ses provisions, soit quand elle est appelée par ses maîtres pour recevoir des ordres. Six douzaines de torchons en toile écrue, qui doivent être mis de côté à mesure qu'ils vieillissent pour servir à essuyer la vaisselle, l'argenterie et les meubles ; douze tabliers de femme de chambre, et douze pour chaque domestique homme : voilà ce qui peut amplement suffire à une maison bien ordonnée et jouissant d'une jolie fortune.

Dans les petits ménages où il n'y a qu'une seule bonne, six tabliers de toile, six tabliers de couleur et six tabliers blancs suffisent. Ainsi le tablier de couleur sert pour faire le ménage, le tablier de toile pendant qu'elle fait la cuisine et le tablier blanc quand elle sort l'enfant, travaille entre ses autres ouvrages et fait le service de l'appartement.

La pièce où vous enfermerez votre linge doit être très-sèche et très-aérée. Si votre appartement est exigu vous pouvez mettre vos armoires à linge dans la chambre de votre femme de chambre ou de votre bonne, si cette chambre a les qualités que je vous ai recommandées plus haut.

Si au contraire l'étendue de votre appartement vous permet d'avoir une lingerie, faites mettre, tout autour de cette pièce, des armoires à vastes rayons et une table à repasser toute dressée au milieu ; il est bon qu'une lingerie ait une cheminée pour qu'on puisse placer dedans le petit fourneau sur lequel les fers chauffent quand on veut repasser, puis aussi pour pouvoir de temps en temps faire un peu d[e] feu clair quand le temps est très-humide, car l'humidité est pernicieuse au linge.

Aussi quand il revient de la blanchisseuse, n[e] faut-il jamais serrer le linge avant qu'il soit bie[n] sec.

Ne laissez jamais non plus serrer le linge, avan[t] qu'il n'ait été visité; avec un peu de soin on évit[e] de grandes dépenses, car l'entretien conserve.

Le plus sûr moyen de conserver le linge est de l[e] numéroter et de le faire servir dans l'ordre de so[n] numéro; c'est dans ce même ordre qu'il doit êtr[e] rangé dans les armoires à son retour du blanchis[s]age. Il est donc du devoir d'une bonne ménagèr[e] de ne pas abandonner entièrement ce soin ni à un[e] femme de chambre, ni à une bonne, mais de le surveiller elle-même; car cet arrangement économiqu[e] rentre dans la classe de ceux que les domestique[s] appellent *minutie* et dont ils se dispensent dès qu'il[s] le peuvent.

A l'égard du linge de cuisine il doit être également numéroté, et donné en compte à la cuisinière qui le garde sous clef, le raccommode et doi[t] le conserver en bon état.

Ne permettez jamais ni à la cuisinière pour ses torchons, ni aux domestiques pour les serviettes, de s'en servir jusqu'à les rendre noirs; sans cela votre blanchisseuse l'usera trop pour le rendre propre[.] C'est donc une économie fort mal entendue que de trop salir le linge.

Ne laissez jamais traîner sur des tables ou sur des chaises le linge qui a été mis de côté pour être raccommodé, serrez-le séparé de l'autre, mais évitez qu'il se salisse et qu'il donne un air de désordre à votre appartement.

Que le linge raccommodé ou neuf soit serré dans vos armoires, non-seulement par ordre de numéros, mais encore par ordre de genres ; ainsi le vieux avec le vieux, les draps avec les draps, et ainsi de chaque chose.

Le linge qui revient de la blanchisseuse se met toujours dessous à la pile où il doit être afin que chacun passe à son tour.

Que les robes légères, les cols, les fichus, les bonnets, etc., dont vous pouvez vous servir encore ne soient jamais remis en place sans avoir reçu préalablement ce qu'on appelle un coup de fer.

Chaque femme de chambre et chaque domestique homme doivent avoir en compte les tabliers nécessaires à leur usage, ils les serrent avec leurs effets ; mais une maîtresse de maison ordonnée doit se les faire présenter de temps en temps, afin de voir s'il y a le compte et s'ils sont en bon état.

Il ne faut jamais laisser dans l'empois le linge qui devra rester longtemps sans servir, parce que l'empois le brûle.

Si on fait couler la lessive chez soi, il est bon d'avoir une presse, car les serviettes et les draps qui sortent de dessous cet instrument ont non-seulement un coup-d'œil tout autre que s'ils avaient été simplement étirés comme cela se fait habituellement, mais encore se conservent bien plus longtemps propres.

Si on n'a pas un cylindre pour les serviettes damassées, on les fait mettre légèrement à l'empois, puis bien repasser avec un fer très-pesant et très-chaud, et cela produit à peu près le même effet.

Si votre lessive se fait à termes éloignés, ne laissez pas votre linge dans sa malpropreté, ce qui lui nuirait infiniment; mais une fois par semaine envoyez ce qui aura été sali, pour le laver tout simplement à la rivière sans le frotter, sans savon et à grande eau; puis au retour on le fera sécher et on le mettra avec le tas qui attend déjà le moment d'aller à la lessive.

Une fois la lessive achevée il ne faut jamais serrer le linge avant qu'il n'ait été soit étiré, soit repassé, selon son besoin.

Quand le temps est beau et sec, on doit faire ouvrir souvent les fenêtres de sa lingerie et aussi les portes de ses armoires à linge.

Que le linge à votre usage soit placé dans votre chambre, et celui de votre mari rangé près de l'endroit où il fera sa toilette du matin. Car, je ne peux trop le répéter, le désordre naît de la confusion et rien ne rend plus facile la surveillance d'une maîtresse de maison, que l'habitude qu'elle doit donner à ceux qui la servent, de maintenir journellement chaque chose à sa place.

Mettez dans vos armoires à linge des petits sachets, que vous glisserez entre chaque pile soit de serviettes, soit de draps, etc. Sachets remplis avec de la poudre d'iris de Florence, ce qui donne au linge une odeur douce et charmante; mais si cette poudre d'iris vous semble trop chère, vous la remplacerez par de petits sachets que vous composerez à l'automne sans faire le moindre frais. Vous prendrez, pour cela, une forte poignée de feuilles de verveine, une poignée de feuilles de géranium odorant, une poignée de feuilles de baume commun, une poignée de feuilles de citronnelle, deux poignées de fleurs de réséda bien épluchées. Faites bien sécher tout cela à l'ombre et renfermez-le dans un sac de toile ou de taffetas, en y joignant cinq grammes de poudre d'iris en un petit sachet. Puis mettez ce sac parfumé au milieu de votre linge.

Voici encore un autre moyen de donner une bonne odeur au linge.

Rassemblez pendant l'été des fleurs odorantes, telles que roses, œillets, jasmins, violettes, etc., faites-les sécher à l'ombre, et quand vous en aurez une certaine quantité, répandez dessus de la poudre de muscade et de girofle; puis mettez le tout dans de petits sacs de taffetas, que vous enfermerez dans vos armoires à linge.

Il est important d'entretenir le linge, non-seulement par le raccommodage, mais aussi par un remplacement partiel de chaque chose. Ainsi, je voudrais que l'on mit au nombre de ses dépenses *nécessaires* chaque année, l'achat d'une paire de draps par lit de maître, et d'une par lit de domestique; ainsi de suite pour les serviettes, les chemises, etc. Cette manière d'entretenir est préférable, à mon avis, à celle d'attendre que tout soit usé pour le remplacer. On n'est pas toujours disposé à faire une grande dépense; et si l'on prend l'habitude de mettre à part, chaque mois, une somme relative à ses moyens, en employant au bout de l'année cette somme comme je viens de l'indiquer, on maintiendra sans aucune gêne et pour toujours son linge au complet, sans s'apercevoir des réformes que le temps et l'usage nécessiteront.

Le raccommodage, c'est-à-dire l'entretien du linge, est aussi une chose que je vous recommande, Mesdames, et vous devez vous faire une loi, sinon par vous-mêmes, au moins par votre femme de chambre, de ne jamais rien laisser mettre à la lessive sans que cela ait été visité et raccommodé s'il est nécessaire. Mais en ce sens encore l'excès est un défaut, car il y a un certain point où le linge n'est plus susceptible de recevoir des réparations; alors le temps énorme qu'on y emploie est complétement perdu. Ainsi, lorsque les draps, les serviettes, les chemises, les mouchoirs, etc., en sont arrivés au point d'être, ce qu'on appelle *élimés*, il faut les mettre en réserve pour cas de maladie, car ils ne sont plus bons qu'à cet usage. C'est une chose que beaucoup de femmes ignorent, et j'en ai rencontré souvent qui se croyaient très-bonnes ménagères, parce qu'elles prenaient des filles de journée qui, avec la nourriture, leur coûtaient 2 fr. 50 cent. par jour, et employaient tout leur temps, pendant un grand mois, à repriser des choses qui revenaient du premier blanchissage tout aussi mauvaises qu'elles étaient avant d'avoir été raccommodées, et cela parce que la toile usée se déchirait à côté des reprises. Gardez-vous donc de cette économie mal entendue, et ne raccommodez jamais que le linge qui en vaut la peine, car il en coûte moins cher pour remplacer celui qui est mauvais que pour y faire travailler sans résultat.

Des provisions de linge.

Nulle de vous, Mesdames, ne contestera l'importance de l'objet que nous traitons dans ce chapitre consacré au linge. Car toute maison, de la plus modeste à la plus somptueuse, y trouve un grand bien-être, et l'hygiène est aussi fortement intéressée dans cette question que la coquetterie la mieux entendue.

Deux produits différents sont employés à la confection du *Linge*, ce qui fait qu'on a le choix entre :

le linge de *coton*,

et le linge de *fil*.

Le premier est choisi par un certain nombre de personnes, à cause de son prix moins élevé.

Ce point n'est pas à contester; mais, si l'on songe que le second est d'une durée beaucoup plus longue, en même temps que d'un usage bien plus agréable, on sera vite convaincu que, dans un grand nombre de cas, on aura bénéfice à se procurer du linge de fil.

On peut cependant, sauf exception, établir deux catégories générales comme emploi de ces deux sortes de linge :

Le linge *de corps* peut parfaitement être confectionné avec du coton, c'est même préférable pour la santé qu'il en soit ainsi.

Le linge *de table* et *de cuisine* doit ordinairement être en toile.

Pour le gros linge, celui de cuisine, par exemple, il sera bon de prendre de préférence de la toile filée à la main, celle qui est filée à la mécanique étant loin de faire le même usage.

Le linge, comme travail, a plusieurs degrés de richesse.

Les principales nuances sont :

Le linge *uni*,

Le linge *ouvré*,

Le linge *damassé*.

Le second est d'un emploi meilleur et plus général que le premier, qui laisse à désirer comme solidité.

Le troisième est celui que l'on met en réserve pour les jours de réception et de cérémonie.

Je le répète, c'est un tort de croire qu'il faut faire de grandes provisions de linge. Les personnes qui ont la manie d'en emplir des armoires n'ont que du linge jauni, fumé, parfois détérioré...

La toile pour les tabliers blancs de cuisinière ayant 90 centimètres (trois quarts) de large, se vend de 1 fr. 50 à 1 fr. 80 le mètre (2 fr. à 2 fr. 25 l'aune); il en faut 2^m, 98 (2 aunes 1|2) par tablier. Ceux de femme de chambre se font ordinairement en calicot qui coûte 1 fr. le mètre ; 2^m, 98 (2 aunes 1|2) par tablier.

La toile des tabliers de domestiques coûte 2 fr. le mètre; il n'en faut que 1^m, 80, y compris la poche; la toile écrue pour les tabliers à cordons ayant 1^m, 20 de large, coûte 1 fr. 30 le mètre ; il n'en faut que 1^m, 20 pour un tablier qui n'a jamais qu'un lé; enfin, la toile à torchons se vend de 80 c. à 1 fr. le mètre; 10^m, 80 font douze torchons.

Le plus sûr moyen de conserver le linge est de le numéroter et de le faire servir dans l'ordre de son numéro. C'est dans ce même ordre qu'il doit être rangé dans les armoires, au retour du blanchissage. Si vous m'en croyez, vous n'abandonnerez pas entièrement ce soin à votre femme de chambre, **vous le surveillerez vous-même.**

Cet arrangement économique rentre dans la classe

de ceux que les domestiques appellent *minuties*, et dont ils se dispensent dès qu'ils le peuvent.

Vous ferez un état de votre linge, dont vous aurez le double; vous donnerez à votre femme de chambre le compte du linge que contiendront les armoires, en exigeant d'elle qu'elle en laisse toujours l'état dans chaque armoire.

Les choses établies sur ce pied, il suffira qu'une fois par mois vous donniez votre inspection à leur maintien.

Que l'on achète, chaque année, ce qui sera nécessaire pour remplacer le linge usé. Si l'excès du linge est mauvais, des lacunes seraient bien autrement fâcheuses.

Dans toute maison largement tenue, on peut avoir :

Par personne :

Nappes,	2
Serviettes de table.	36
Id. de toilette,	24
Essuie-mains,	12
Torchons,	12

Par lit occupé :

Paires de draps,	6
Taies d'oreillers,	6
Couvre-pieds blancs,	2

Il est moins urgent de déterminer un nombre précis de pièces pour le linge de corps. Les usages et les goûts de chacun peuvent varier assez, pour que notre règle générale soit trop souvent modifiée.

Sur ce point, l'expérience et les besoins sont un guide très-suffisant.

Voilà la manière de reconnaître s'il y a du coton dans la toile que vous achèterez.

Les toiles étant tombées aujourd'hui à un prix très-médiocre, plusieurs fabricants mêlent du coton avec du lin, afin de diminuer le prix de revient. Il me parait donc très-utile qu'une bonne ménagère puisse s'assurer elle-même de la qualité de la toile qu'elle veut acheter.

Il faut qu'elle demande un échantillon de cette toile, qu'elle la fasse bouillir pendant quelques heures dans de l'eau afin de la débarrasser de son apprêt. Quand elle sera bien sèche on la plongera, pendant une minute seulement, dans de l'acide sulfurique ; la toile deviendra alors diaphane ; on la rincera dans de l'eau fraiche ; puis on la frottera avec le doigt, mais seulement quand elle sera dans l'eau fraiche; car il faut avoir le plus grand soin de ne pas toucher à l'acide, ni même à l'étoffe que vous y avez trempée, ce que vous avez dû faire avec des pinces.

A la sortie de l'eau fraiche, tout le coton qui sera dans la toile, s'il y en a, se trouvera transformé en une espèce de matière gommeuse. On plonge alors de nouveau son échantillon dans de l'alcali et on le fait sécher ; alors, tous les brins de coton se trouvant détruits par l'alcali, il sera facile de se rendre compte de la quantité de cette substance que contient la toile, à l'inspection des places restées vides après ces différentes opérations.

Je conviens que cette manière de s'assurer de la qualité d'une toile peut paraître un peu compliquée s'il s'agissait d'acheter une paire de draps ou une douzaine de serviettes ; mais quand il s'agit d'acheter un trousseau ou de monter sa maison en linge, on ne saurait prendre trop de précaution avant de faire une dépense aussi forte.

Manière de faire les chemises.

Chemise pour une jeune fille de sept à huit ans. — Vous taillez deux côtés dans la largeur d'une toile de 90 centimètres, 2 paires de pointes dans la même largeur, 2 paires de manches sur une longueur de 45 centimètres ; les côtés auront 90 centimètres de hauteur, et les pointes 60 centimètres. — Vous emploierez ainsi 8 mètres 80 centimètres pour faire six chemises. — Pour faire six chemises de la même façon, pour une jeune fille de huit à dix ans, il faut augmenter les dimensions et prendre 9 mètres 90 centimètres. Pour une jeune fille de dix à douze ans, il faut 11 mètres 1/2 ; pour une de douze à quatorze ans, 13 mètres.

Chemise de femme à l'anglaise. — Il faut prendre une toile de 80 à 90 centimètres de largeur. On coupera 2 mètres 40 centimètres de longueur pour faire le corps ; on pliera ensuite cette longueur en deux parties égales : ce qui donnera une longueur de 1 mètre 20 centimètres pour le corps de la chemise ; on lèvera en haut deux pointes égales pour les mettre en bas, observant que le haut de la chemise ait toujours 60 centimètres de largeur. Pour faire les manches, on emploiera la même largeur de toile. Si elles sont plissées en dessus, on prendra 2 mètres 40 centimètres pour six paires, en prenant dans la largeur de la toile une manche entière et la moitié d'une seconde ; en tout, 16 mètres 80 centimètres.

Toutes les chemises de femmes ont une échancrure au haut du devant de la chemise. Plus ou moins profonde, cette échancrure est ordinairement de 16 centimètres de profondeur sur 45 centimètres de longueur d'une épaule à l'autre, et la levée sert à faire les deux goussets.

Autre chemise façon anglaise. — Cette façon ne convient qu'aux personnes maigres.

On emploie de la toile de 80 centimètres, même longueur pour le corps que la précédente, même largeur en haut ; mais il ne faut lever en haut qu'une pointe de 20 centimètres de largeur. On la coupera, d'un côté seulement, sur une longueur de 30 centimètres, qui formera l'entournure de l'épaule ; puis à partir de la longueur coupée, on taillera tout de suite la pointe, l'étroit en bas, et on la joindra, l'étroit en haut au côté opposé, sur lequel on n'a rien coupé.

En outre, on prendra 1 mètre 20 centimètres pour faire trois pointes de manches, les trois autres étant faites avec les 30 centimètres levés en haut du corps des six chemises. On emploiera ainsi 15 mètres 60 centimètres.

Chemise à la façon française. — On prend de la toile de 90 centimètres de largeur, et l'on coupe 2 mètres 40 centimètres de longueur pour faire le corps, en pliant la toile dans sa largeur. On prend en outre 1 mètre de longueur pour 3 paires de pointes dans la largeur de la toile ; on lève ensuite, sur toute la largeur du corps de la chemise, une bande de 20 centimètres de largeur qui sert à faire deux pointes de manches et deux pointes de goussets. On emploie ainsi 16 mètres 40 centimètres de toile, et il reste trois bandes ou levées de toile de 20 centimètres de largeur, et 3 mètres 20 centimètres de longueur. Ces bandes servent à renouveler les manches et les goussets quand ils sont usés.

Le haut de la chemise doit être attaché par un poignet piqué. Si on plisse les manches, on y ajoute un petit poignet piqué aussi en arrière-points. La chemise est ouverte devant de la hauteur de 30 centimètres. Un petit poignet piqué borde aussi cette ouverture, qui se ferme par des petits boutons comme un fichu. Si l'on veut garnir sa chemise, on coud à points de surjet une broderie ou une petite dentelle tout autour du haut et sur un côté de l'ouverture, puis au bord des manches.

Moyen de rallonger une chemise sans qu'il y paraisse — Vous décousez les manches, et vous coupez les épaulettes en travers, au niveau de l'échancrure du devant : elles ne tiendront plus alors qu'au derrière de la chemise.

Vous taillez un morceau de toile de qualité bien pareille, ayant 16 centimètres de hauteur, dans le sens des fils de la chaîne, et de la largeur du haut du devant de la chemise à l'endroit coupé. Vous cousez chaque morceau de toile sur l'endroit coupé à point de couture rabattue. Vous cousez la coupure faite dans les épaulettes avec ledit morceau ou allonge, au milieu duquel vous ferez la petite échancrure du derrière, entre les deux épaules. Vous recoudrez les manches.

A l'aide de ce moyen, la chemise sera allongée de 16 centimètres, et le derrière sera maintenant le devant ; il y aura une couture à chaque épaulette et une au dos ; le commencement des pointes se trouvera de 16 centimètres plus bas.

5.

Manière de tailler les chemises d'hommes et de petits garçons.

Les mesures que je vais indiquer sont celles d'une taille moyenne.

On prend généralement pour 6 chemises 11 mètres 40 centimètres d'étoffe pour tailler les corps. Il faut deux lès pour chaque chemise, dont un des deux plus long de 4 centimètres ; il faut en outre 7 mètres 20 centimètres pour 6 paires de manches. Sur cette étoffe levez 50 centimètres de largeur tout du long ; cette levée doit toujours fournir les manches, et avec l'autre partie, qui est moins large, vous taillerez les cols, de 45 centimètres de longueur, les poignets de 24 centimètres, et enfin les pièces de 48 centimètres. Toutes ces parties doivent être taillées dans le sens de la lisière, jamais en travers. Il est prudent de doubler la partie de la chemise entourant la manche, d'une bande de 6 centimètres de largeur environ. Les chemises sont ainsi plus solides.

Pour les chemises de fatigue, on prend généralement une étoffe solide, mais on enlève les devants pour les remplacer par une toile ou un calicot bien plus fin, en donnant à l'étoffe qui remplace 5 centimètres de plus en ampleur par chaque côté.

Il est impossible d'indiquer d'une façon précise la façon dont doivent être faits les devants de chemise, cela dépend du goût et de la mode : les plis creux, les petits plis, les plastrons sont également bien portés ; seulement les chemises qui doivent servir quand on est *habillé*, se font généralement ouvertes par derrière, et la pièce de devant est, soit brodée, soit ornée d'entre-deux de dentelle ou de guipure, soit simplement ornée de plis. Elle est toujours beaucoup moins frippée, que si elle devait être attachée sur la poitrine.

Les chemises de petits garçons se font comme les chemises d'hommes ; les tailles varient seulement suivant l'âge ; mais généralement il faut 1 mètre 70 centimètres de calicot pour un enfant de 10 à 12 ans ; 1 mètre 60 centimètres pour un enfant de 8 à 9 ans ; enfin 1 mètre, pour un enfant de 6 à 7 ans. Plus jeunes on leur fait des chemises comme celles des petites filles.

Pour bien faire les robes.

La robe se compose du jupon, du corsage et des manches. La jupe se prépare en coupant d'abord les lés qui doivent la composer. On en met 2, 3, 4, 5, 6 ou 7 — suivant la largeur de l'étoffe, la grosseur de la personne, et la mode qui veut que les jupes soient plus ou moins amples. Ainsi on employait dernièrement 3 lés de mérinos, 6 de toile peinte ou d'indienne, 7 de mousseline, 8 de soie, 9 de velours. La hauteur de la jupe varie suivant la grandeur de la personne ; il faut en prendre la mesure depuis la ceinture jusqu'aux pieds, et laisser en outre un peu d'étoffe pour l'ourlet, qui se fait plus ou moins haut suivant le goût de celle pour qui est la robe. Mais aujourd'hui que les jupes se portent plates et se font à pointe, il faut moins de largeur et plus de longueur si l'on veut une traîne.

Pour faire la jupe, on assemble les lés et on les coud, les lisières deux à deux, par un point arrière et deux points devant, ou par un point de côté. Il faut laisser en haut d'un des lés un espace de 20 à 25 centimètres non cousu, afin de faciliter l'entrée du jupon.

Quant au corsage et aux manches, qui changent continuellement de formes, il faut les tailler sur un patron venant d'une bonne couturière, ayant soin de couper sur lui bien exactement son étoffe.

Le plus communément, on fait une couture sur le côté du corsage. Cette couture joint le devant à une petite pièce appelé *petit côté*, qui forme le dessous du bras ; elle se pique en posant le devant sur le petit côté ; le petit côté à son tour se pose et se pique sur le morceau qui doit former le derrière de la taille.

L'on bâtit le bas du corsage sur un ruban de fil afin qu'il ait la force de résister à tous les mouvements de la taille. Ce ruban doit avoir de 4 à 5 centimètres de largeur et la longueur suffisante pour ceindre la taille de la personne. On recouvre ce ruban de la même étoffe que le jupon ; on le bâtit d'abord et on le pique ensuite en points arrière, en ayant soin que cette ceinture cache exactement les extrémités des pièces du corsage ; puis on replie l'étoffe à l'envers sur le ruban de fil, et on le coud à points coulés.

Pour monter convenablement les manches et faciliter les mouvements des bras, on fait une échancrure demi-circulaire sur le devant de l'emmanchure formée par l'épaulette et le dessous du bras. On partage la manche en deux parties égales ainsi que l'emmanchure ; on attache la couture qui joint la manche au bas de l'emmanchure et à 1 ou 2 centimètres en avant de la couture piquée, laquelle joint le petit côté au devant du corsage. Le haut de la manche opposé à la couture est attaché au bout de l'emmanchure. Puis on bâtit la manche sans faire de plis ; ensuite on fait la couture circulairement à points arrière très-rapprochés.

Quand le corsage n'est pas destiné à être doublé, on entoure l'emmanchure d'une ganse ronde ou plate à l'aide d'un bâtis dont les points de côté percent très-peu à l'endroit ; on fait ensuite un point tout autour de l'emmanchure afin d'empêcher l'étoffe de s'effiler.

Cela fait, on monte la jupe après le corsage. Pour cela, on partage la jupe en deux parties égales, en ayant soin de plier au milieu d'un lé d'étoffe, et on coud ce pli sur le milieu du corsage ; puis on continue la couture à points de surjet en fronçant ou en plissant l'étoffe de manière que la fente ouverte sur le haut du jupon tombe au milieu du dos.

On fait auparavant, tout autour du jupon, un rempli de 2 centimètres au plus à volonté, et beaucoup plus considérable sur le devant de la robe, principalement au milieu : cela s'appelle busquer. Si l'on ne prenait pas cette précaution, la jupe se plisserait horizontalement sur le ventre.

Le *doublage* des robes s'effectue à peu près comme le dessus. Toute la jupe se coud alors à points devant, et on joint les deux étoffes en cousant un fil de dessus à dessous entre les deux jupes : cela s'appelle *baguer*. On a eu soin de laisser une couture ouverte à la jupe de dessus et à celle de dessous ; et quand toute l'étoffe est bien baguée, sans faire le moindre pli, on les réunit dans cette couture.

Méthode pour blanchir la toile.

Dès que le fumier de cheval a subi la fermentation, il chancit, et devient tel qu'on le destine communément à former une couche de champignons. Faites tremper ce fumier fermenté, pendant trois jours, dans l'eau de rivière ou de fontaine ; après cela, vous ferez passer cette eau sur des cendres quelconques, lessivées ou non lessivées ; pour donner à l'eau une nouvelle pointe, il faudrait piquer sur les cendres quelques morceaux de chaux ; en clarifiant simplement cette eau de fumier, on pourrait en obtenir les mêmes effets, à très-peu de chose près. Pour ce qui concerne le blanchiment des toiles, lequel entraîne beaucoup de frais lorsqu'on veut parvenir à un beau blanc, on peut également mettre en usage l'eau alcaline du fumier, dans laquelle il serait bon de faire infuser un peu de chaux ; si l'on n'en mettait pas trop, il n'y aurait pas à craindre que le fil perdît rien de sa force : par cette méthode on pourrait facilement épargner beaucoup de bois, de cendres, de soins et de peines. Ce qui conserve la couleur rousse du fil, c'est l'acide qui se trouve dans toutes les toiles avant qu'elles soient blanchies. Il faut tremper longtemps la toile dans de l'eau échauffée par le soleil pour amortir les parties qui constituent la force du fil, avant que d'en venir à la lessiver ; mais une opération qui aurait le même effet, si même elle n'en avait pas un meilleur, ce serait de mettre les toiles dans une cuve remplie de cette eau alcaline de fumier, qu'on aurait soin de bien remuer six ou sept fois par jour, avec une machine propre à l'agiter du fond de la cuve à la superficie, et de la superficie au fond, afin de donner plus de prise aux sels sur l'acide.

Composition pour réparer le linge, lorsqu'il est roussi et presque brûlé.

Vous ferez bouillir deux onces de terre à foulon dans un verre de vinaigre ; vous y ajouterez ensuite une once de fiente de poule, une demi-once de savon en pain et le jus de deux oignons, jusqu'à ce que le tout ait pris consistance. Vous verserez de cette composition sur les parties endommagées : son effet sera de les rétablir dans toute leur blancheur, si elles ne sont pas tout-à-fait brûlées, et si les fils ne sont pas consumés.

Manière de rétablir le lustre quand il a été enlevé des étoffes par le lavage.

Le lavage enlève le lustre, et laisse une place terne et désagréable à voir. On rend le lustre à l'étoffe, en passant dans l'endroit lavé, et dans le sens des poils de l'étoffe, une brosse humectée d'une eau dans laquelle on a fait fondre un peu de gomme arabique. On applique ensuite sur cet endroit un morceau de papier, et par-dessus un morceau de drap et une planche lisse, que l'on charge de poids considérables sous lesquels on laisse sécher l'étoffe.

Manière de nettoyer les flanelles blanches, les bas de laine, etc., sans qu'ils se rétrécissent.

Faites dissoudre du savon dans de l'eau, et ajoutez-y du sel de soude dans la proportion de 125 grammes pour dix litres d'eau. Trempez les objets de flanelle dans cette eau tiède, à plusieurs reprises ; puis étendez-les sur une planche et brossez-les avec une brosse de crin. C'est en frottant la laine avec les mains comme on fait pour le linge, qu'on la foule et qu'on la fait se contracter. Le procédé que j'indique empêche complètement le rétrécissement. Lorsque tous les objets de flanelle ont été ainsi nettoyés, on les rince dans une légère eau de savon tiède, puis dans une seconde eau, où l'on a mis un peu de bleu. Il ne faut pas sécher la laine à l'air ni près du feu. Elle doit être étendue sur des cordes dans un endroit sec et fermé.

Empois, bleu.

Il n'est pas de petit ménage qui n'ait, de temps à autre, quelques pièces à repasser ; quant aux grandes maisons, certaines, qui ne se trouvent pas placées dans les centres, font tout blanchir dans leur intérieur.

C'est pourquoi nous donnons des notions sur deux des ingrédients les plus indispensables au blanchissage du linge : l'*Empois* et le *Bleu*.

Empois. — La plupart des repasseuses préparent leur empois elles-mêmes.

Pour l'obtenir dans de bonnes conditions, on prend

de l'amidon que l'on délaye avec de l'eau froide, en ayant bien soin de ne la verser que peu à peu sur l'amidon employé.

Quand il ne reste plus le moindre grumeau dans le mélange, on le met sur le feu.

Là il ne faut le laisser que le temps nécessaire pour qu'il bouille quelques minutes, et on ne doit pas cesser de le remuer pendant cette légère ébullition ; on y met un peu de cire blanche au moment de le retirer du feu.

Si, une fois retiré du feu, l'empois était trop épais, on pourrait l'éclaircir en y ajoutant un peu d'eau.

S'il est destiné à empeser des étoffes fortes et qui par elles-mêmes offrent déjà une certaine résistance, il va de soi que l'empois doit être tenu un peu clair.

S'il doit servir à empeser des étoffes légères et qui ont besoin d'être soutenues, on comprend qu'il faut lui donner un peu plus de consistance.

Ces proportions ne peuvent être appréciées que par les personnes mêmes qui font usage de l'empois.

N'oublions pas de faire remarquer que l'empois dont on veut se servir pour l'empesage des chemises d'hommes ne doit être que délayé à l'eau froide ; il est nécessaire de ne le faire ni chauffer ni bouillir.

Le linge empesé et repassé est parfois dur et cassant ; d'autres fois, au contraire, il est mou et sans soutien.

Cela dépend presque toujours de la confection de l'empois.

Pour obvier à ces inconvénients, on fait dissoudre

un peu de blanc de baleine dans l'empois que l'on destine au linge.

L'empois préparé d'avance ne se conserverait pas longtemps ; il tournerait à *l'aigre* comme la colle.

Bleu. — Il n'est pas toujours facile de se procurer de bon bleu.

Lorsqu'on veut azurer son linge et qu'on n'a pas trouvé dans le commerce un bleu d'assez bonne qualité, on peut s'en procurer d'une manière assez simple.

Pour cela, prenez :

    bois de Campêche,   30 grammes,

et faites-le bouillir, pendant une heure, dans :

    eau,   1/2 litre.

Ensuite, ajoutez-y :

    alun purifié,   30 grammes,
    indigo soluble,   3   id.

Il faut que ce dernier soit préalablement pulvérisé et très-finement tamisé.

Vous laissez de nouveau bouillir ce mélange pendant quelques minutes.

Une fois cela fait, vous le filtrez.

Votre bleu est alors terminé, et vous le conservez, dans un flacon bien bouché, pour vous en servir au fur et à mesure de vos besoins.

Repassage du linge roussi.

Lorsqu'on a du linge roussi, on peut employer le procédé suivant, qui le rétablit dans son état primitif.

Prenez :

    Vinaigre. . . . . . 1/2 litre,

et faites-y bouillir :

    Terre à foulon. . . . 60 grammes.
    Savon en pain. . . . 16 grammes.
    Et le jus de deux oignons,

jusqu'à ce que le tout ait pris consistance.

Versez alors de cette composition sur les parties roussies de votre linge.

Laissez-les sécher, et lavez-les ensuite une et même deux fois.

Tout ce qui n'aura pas été entièrement brûlé reparaîtra bon et blanc comme les endroits non endommagés.

Vous n'aurez plus qu'à faire des reprises aux fils tout à fait consumés par l'accident.

Ce moyen est de beaucoup préférable à l'emploi de l'eau de javelle.

Taches de fer ou de rouille.

Prenez de l'acide muriatique étendu de cinq ou six fois son poids d'eau, et appliquez-le sur la tache.

Lavez ensuite pendant environ deux minutes.

Répétez l'opération autant de fois qu'il le faudra pour obtenir le détachage complet.

Savonnage des mousselines et percales imprimées.

On devrait toujours, quand on le peut, faire savonner chez soi les robes et les vêtements d'enfant en mousseline, percale ou calicot imprimés. Aucune teinture, si bonne qu'elle soit, ne résiste à la manière dont les blanchisseuses les traitent. Voici donc comment vous pourrez enseigner à votre bonne de les savonner chez vous.

Les étoffes imprimées ne doivent jamais rester à tremper, même dans de l'eau pure. Quand elles doivent être lavées, si elles ne sont pas trop sales, on les mettra dans de l'eau froide où l'on aura fait dissoudre du savon blanc ordinaire; on procédera au savonnage le plus promptement possible et on rincera immédiatement dans de l'eau claire. On lavera une pièce après l'autre et on n'en mouillera jamais deux à la fois. Quand toutes les pièces auront été lavées et rincées, on préparera une nouvelle eau claire où l'on mettra une poignée de gros sel pour dix à douze litres d'eau. On rincera toutes les pièces successivement dans cette eau; en les retirant on en exprimera l'eau sans les tordre et on les étendra de suite sur des cordes entourées de linge propre. On aura soin de ne pas les exposer au soleil, mais de les laisser sécher à l'ombre.

Il est très-bon, quand on en a le temps, de repasser les différentes choses qu'on a lavées avant qu'elles soient entièrement séches. Elles sont plus uniformément humides et se repassent mieux que lorsqu'on a des pièces à amidonner; voici comment on prépare l'amidon.

Pour deux cuillerées d'amidon, il faut un demi-litre d'eau froide. Vous mettrez d'abord l'amidon dans une cuvette assez grande et vous verserez l'eau froide dessus. Puis avec une cuillère de bois, vous le délayerez jusqu'à ce qu'il ne reste plus le moindre grumeau. Versez alors le contenu de la cuvette dans une bouilloire d'eau bouillante que vous devez avoir devant le feu sans la retirer du feu et en remuant toujours l'amidon. Si l'on fait ainsi, l'amidon n'a pas besoin de cuire davantage ; mais, si l'eau n'est pas *bouillante* à l'instant même qu'on la verse sur l'amidon, celui-ci n'épaissit pas ; il faut alors le mettre sur le feu dans une casserole bien propre et le tourner jusqu'à ce qu'il bouille. Alors on le retire du feu, on le verse dans la cuvette et on le recouvre d'un linge afin qu'il ne se forme pas une peau à la surface. Dès qu'il est assez refroidi pour qu'on puisse y tenir la main, on y plonge les pièces à empeser. Quelques personnes pour donner du brillant au linge quand il est repassé, tournent deux ou trois fois un bout de bougie dans l'amidon pendant qu'il est très-chaud. Ce procédé a l'avantage d'empêcher l'amidon de s'attacher au fer. La proportion d'eau bouillante à verser sur deux cuillerées d'amidon assimilées à un demi-litre d'eau froide est de quatre litres.

Lorsque les pièces qui doivent être empesées sont lavées, rincées et séchées, on les met dans l'amidon chaud, préparé comme nous venons de l'indiquer. On les retire, on les presse bien entre les mains et on les trempe dans une cuve d'eau froide. On les en retire aussitôt, on en exprime toute l'eau en prenant bien garde de ne pas les tordre, parce qu'on risquerait de les déchirer. On les presse bien entre les mains pour en faire sortir l'eau, puis on les étale sur un linge préparé à cet effet sur une table, et on les roule dedans. On peut les laisser ainsi deux ou trois heures, puis on les repassera avec le fer chaud sur une planche à repasser entourée d'une étoffe de laine épaisse, recouverte d'un linge bien blanc.

Pour nettoyer les couvertures de laine.

Faites-les tremper dans un bain de savon et de sous-carbonate de soude; frottez-les fortement avec une brosse demi-dure; battez-les avec un battoir; enfin lavez-les à l'eau claire et tordez-les bien pour en extraire l'eau. Pour éviter les déchirures vous les mettez dans un filet ou une toile; vous les passerez ensuite au soufre; au sortir du soufrage, vous les peignerez avec un chardon pour relever et coucher les poils.

RECETTES DIVERSES

POUR L'ENTRETIEN D'UNE MAISON

Composition pour nettoyer le cuivre.

Cette composition est merveilleuse pour rendre au cuivre non doré le brillant le plus parfait.

Faites dissoudre :

    Savon noir,   30 gr.

Dans :

    Eau,   150 gr.

Et en y ajoutant ensuite :

    Terre pourrie porphyrisée   50 gr.
    Essence de térébenthine,   10 gr.
    Esprit-de-vin,   30 gr.
    Huile blanche,   15 gr.

Une fois le mélange bien opéré, cette composition doit être mise dans une bouteille que l'on tient hermétiquement bouchée.

Lorsqu'on veut s'en servir, il suffit, après avoir vivement agité la bouteille, de verser un peu de son contenu sur un morceau de drap, avec lequel on frotte l'objet que l'on veut nettoyer, et d'essuyer ensuite cet objet avec un linge sec.

Peinture qui rend le bois incorruptible.

Pour obtenir cette peinture, vous ferez fondre dans un vase de fer :

    Résine   190 grammes.

Vous y ajouterez ensuite :

    Huile commune   6 litres
    Soufre   2 bâtons.

Lorsque ces substances seront bien mêlées ensemble, vous mettrez la couleur que vous désirez donner au bois et vous remuerez le tout avec soin, afin que le mélange s'opère parfaitement.

Cette couleur doit être appliquée aussi chaude que possible, et en deux couches successives, la seconde lorsque la première est complétement sèche.

Pour nettoyer les vieux tableaux à l'huile.

Bien des personnes possèdent des tableaux qui sont bons, mais enfumés ou gâtés par de mauvais vernis appliqués successivement. Voici comment elles pourront les réparer.

Après avoir lavé à l'éponge et à l'eau le tableau, on le laisse sécher, on l'expose au grand air ou même au soleil, et quand il est bien sec, on commence à frotter fortement avec le bout du doigt et en tournant. Le plus souvent il se détache une poudre blanchâtre que l'on souffle, et le tableau finit par être entièrement déverni. Quand cela ne suffit pas, on prend de l'esprit-de-vin, et avec une vieille serviette ouvrée, on lave rudement et à plusieurs reprises au bout d'un moment le tableau devient frais, propre, et les couleurs reparaissent.

Pour le revernir ensuite, il faut faire fondre, sur de la cendre chaude et dans une petite fiole à médecine, 30 grammes (une once) de mastic en larmes dans 120 grammes (4 onces) d'essence de térébenthine. On chauffe avec précaution. L'on opère mieux encore en mettant la fiole au bain-marie dans une casserole d'eau et chauffant le tout.

Ce vernis, quand il est froid et qu'il a déposé un ou deux jours, est parfaitement clair ; il s'applique par couches légères avec un pinceau doux.

Procédé pour nettoyer les gravures et les livres.

Si vous voulez blanchir une gravure, plongez-la dans une dissolution de chlore, en faisant durer l'immersion plus ou moins longtemps, suivant le degré de saleté du papier. S'il s'agit de blanchir le papier d'un livre relié, comme il faut que tous les feuillets soient trempés dans la dissolution, ayez soin de bien ouvrir le livre, mais faites en sorte que le papier seul trempe dans la liqueur ; séparez les feuillets les uns des autres, pour qu'ils soient humectés également des deux côtés ; lavez ensuite avec de l'eau bien propre, et faites sécher. Ce procédé vous servira aussi pour enlever les taches d'encre.

Préservatif contre la moisissure.

Il est mille objets d'un usage journalier qu'attaque et détériore rapidement la moisissure. Tels sont, pour ne citer que quelques exemples, la colle, l'encre, les cuirs, les grains, les livres, etc.

Les parfums, et surtout les huiles essentielles, agissent avec l'efficacité la plus marquée contre cet agent de destruction.

Qu'on mette un peu d'huile de térébenthine dans un vase où il y a de la colle, et qu'on couvre la colle, on la retrouvera dans son état de fraîcheur primitive dès qu'on voudra la tirer de son espèce de prison, et quelque soit le laps de temps qu'on l'a tenu enfermée.

Une très-petite quantité d'huile de lavande ou bien de girofle mise dans l'encre, empêche qu'elle ne se moisisse. Toute autre essence produirait le même effet.

Dans les magasins militaires, où l'entretien des chaussures et des harnais entraîne des dépenses considérables, et où souvent la moisissure cause, en quelques jours, des pertes énormes, on a toujours évité ces pertes à l'aide des huiles essentielles, et surtout par la présence de l'huile de térébenthine, qui, en outre, a l'avantage d'être la moins chère de toutes.

Quelques gouttes de cette même huile dans une bibliothèque suffisent pour la préserver des dégâts de la moisissure.

C'est avec le même succès qu'on l'a employée pour la conservation des grains, objet si grave et si difficile, surtout dans les voyages d'outre-mer.

Enfin on a dans les huiles essentielles, et surtout dans celles dont il vient d'être parlé, un moyen infaillible d'assurer la conservation des collections zoologiques. Une vessie remplie d'essence de térébenthine et suspendue dans le local où est déposée la collection, suffira non seulement pour en éloigner tous les insectes, mais même pour en tuer les espèces qui font le plus de ravage dans ces asiles de la science, les scarabées, les scolopendres et les blettes.

Vous voyez qu'il est bien facile de préserver un appartement de la moisissure qui peut faire tant de mal à tant de choses.

Manière facile de cirer les planchers.

Vous prenez une poignée de cendre de bois que vous mettez dans un nouet de linge, et vous faites bouillir dans un vase, avec de l'eau. Vous décantez et remettez à bouillir cette eau lessivée, avec différents petits morceaux de cire. Vous étendez cette eau sur le plancher sans être chaude, et vous frottez ensuite avec une brosse. Dans un instant le plancher, qui doit avoir été d'abord décrassé et être bien sec, est ciré sans fatigue.

Cette eau de lessive et de cire épaissit un peu ; mais on s'en sert tant qu'il en reste ; elle se conserve assez longtemps.

Nettoyage des dorures de pendules.

Lorsque quelques taches paraissent sur ces ornements (ce que les doreurs appellent *pousse du mercure*) chauffez la pièce légèrement, puis touchez-la, à l'aide d'un pinceau, avec de l'acide nitrique étendu d'eau par égales parties ; frottez doucement avec un linge fin ; chauffez de nouveau, et remontez la pièce quand elle est sèche ; elle jouit alors de son éclat primitif. Plus elle est dorée légèrement plus il faut agir avec précaution.

Pour nettoyer le marbre.

On arrive à nettoyer parfaitement le marbre au moyen d'une préparation prompte et facile dont voici la recette.

Prenez :

        Eau   50 parties
        Eau forte   idem.

Mélangez bien les deux et frottez bien votre marbre avec ce mélange, après cela rincez-le à l'eau pure.

Quand il sera bien sec, vous l'enduirez d'une légère couche d'huile de chènevis, que vous ne laisserez pas séjourner longtemps ainsi, presque de suite vous prendrez un linge propre et vous essuierez la couche d'huile en frottant bien fort, pour qu'il ne reste aucun corps gras sur le marbre que vous venez de nettoyer.

Autre manière de nettoyer le marbre.

Les cheminées et les dessus de marbre des meubles prennent à la longue un aspect terne très-désagréable ; on peut leur rendre leur éclat en les frottant avec la composition suivante : prenez une part de soude, une de pierre-ponce et une de chaux. Pilez et passez dans un tamis très-fin ces différents ingrédients ; quand ils sont réduits en poudre impalpable, faites-en une pâte en y mêlant un peu d'eau. Étendez cette pâte sur le marbre et laissez-la sécher. Frottez ensuite avec une brosse douce, puis avec un chiffon, et vous trouverez que toutes les taches ont disparu et que le marbre a repris son brillant.

Pour nettoyer les cuivres.

On nettoie le cuivre avec un mordant appelé *Eau de cuivre*. Mais pour les dorures, il faut plus de façon, et le vernis anglais peut épargner la dépense très-forte qu'il faudrait faire pour redorer des objets souvent de peu de valeur.

En voici la recette :

 Gomme laque, 60 grammes.
 Karube ou ambre jaune, 60 grammes.
 Sandragon en larmes, 1 décagramme.
 Safran, 2 grammes.
 Esprit-de-vin de 136, 1 hectogramme.

Faire infuser ce mélange pendant un mois, le passer dans un linge et le garder en bouteille. Au moment de se servir du vernis, on fait chauffer la pièce de métal que l'on veut dorer, de manière à ne pouvoir y tenir la main, et on la maintient chaude tout le temps de l'opération, qui se fait avec un pinceau à vernir ; légèreté et promptitude dans la pose du vernis assurent la réussite : l'objet ainsi doré conserve longtemps sa couleur d'or et peut se laver à l'eau tiède.

Moyens de rétablir l'éclat des glaces ternies par le temps ou par un accident.

Versez dessus de la terre à four sèche et très-fine, et frottez légèrement la glace avec un linge. On nettoie aussi parfaitement les glaces, verres et cristaux, soit avec du blanc d'Espagne délayé dans du vinaigre étendu d'eau, puis en frottant avec un ou plusieurs linges, soit avec de la pomme de reinette pelée et coupée par tranches assez minces pour que le frottement les mette aisément en pulpe.

Manière de donner aux statuettes et médaillons en plâtre, l'aspect et la solidité du marbre.

Nous aimons beaucoup les objets d'art, les statuettes, les bustes, etc. Rien ne décore mieux l'intérieur d'une habitation que ces sortes d'ornements; mais comme notre fortune ne nous permet pas d'avoir des œuvres de maître en bronze ou en marbre, nous devons nous contenter de leur reproduction en plâtre. Cela est fragile et ne se nettoie pas une fois que la poussière l'a envahi. Voici une recette qui réussit parfaitement pour donner au plâtre l'éclat et la solidité du marbre.

Il faut faire dissoudre sur le feu, 6 hectogrammes d'alun dans trois litres d'eau, plonger les plâtres dans cette solution encore chaude, et les y laisser environ une demi-heure. On les retire, on les laisse égoutter; puis on verse dessus la solution d'alun. En séchant, les plâtres se couvrent d'une couche cristallisée; on l'enlève en frottant légèrement avec du papier de verre; puis on polit l'objet avec un linge fin imbibé d'eau pure.

Les statuettes arrangées ainsi sont charmantes; cet enduit acquiert une grande dureté et un poli qui les rend très-faciles à nettoyer; il suffit de les épousseter de temps en temps avec un plumeau ; elles restent blanches et ont un éclat transparent comme celui du marbre.

Manière de raccommoder l'albâtre.

Il faut enduire les parties cassées avec la substance gélatineuse et blanchâtre qui sort des limaçons, puis on rapproche les parties bien exactement et on les laisse sécher. Elles finissent par adhérer tellement, qu'on ne peut plus les détacher.

On ne peut pas toujours se procurer des limaçons, voici une autre manière de procéder quand le premier moyen manque.

Faites dissoudre 20 grammes de mastic en larmes dans de l'alcool, et 20 grammes de colle de poisson dans de l'eau-de-vie ; ajoutez 5 grammes de gomme arabique en poudre et mélangez le tout sur le feu. Exposez ensuite les morceaux cassés de l'albâtre à la chaleur du feu, enduisez-les de ce ciment, rapprochez-les exactement et laissez sécher.

Moyen de faire disparaître l'odeur de l'ail.

Mâchez un peu de persil, cela suffit pour enlever la mauvaise odeur laissée par l'ail qu'on a mangé.

Papier transparent.

Voici une méthode bien simple pour remplacer très-avantageusement le papier huilé transparent :

Il suffit de tremper dans une solution épaisse de gomme arabique une feuille de papier blanc très-fin, puis de le presser entre deux autres feuilles de même nature ; cet ensemble aura la même transparence que le papier huilé, sans en avoir les inconvénients.

Boules à détacher.

Prenez : 30 grammes d'alcool ; 60 grammes de savon de Marseille ; 2 jaunes d'œufs ; 15 grammes d'essence de térébenthine rectifiée, et une quantité suffisante de magnésie. Mêlez le tout, et avec la pâte faites les boules.

Moyen très-simple d'empêcher les mouches de salir les cadres des tableaux et les bordures des glaces.

Faites infuser dans un litre d'eau bouillante une botte ordinaire de poireaux, laissez refroidir le liquide, et passez-en légèrement une couche sur les dorures que vous voulez préserver. Vous êtes assuré que les mouches ne s'y poseront jamais.

Moyen de débarrasser une chambre des cousins.

A la nuit, et sans prendre de lumière, fermez les portes et les fenêtres de la pièce que vous voulez débarrasser de ces insectes.

Quelques heures avant d'aller y coucher, mettez-y une lanterne de verre, allumée, que vous aurez frottée, en dehors, avec du miel délayé dans du vin ou de l'eau de rose.

La clarté attirera les cousins, qui se prendront dans l'enduit miellé de manière à ne pouvoir plus s'envoler.

Pour coller promptement, solidement et avec propreté, les ustensiles de ménage.

On prend 60 grammes d'amidon, 100 grammes de craie finement pulvérisée qu'on délaie dans un mélange de parties égales d'eau pure et d'eau-de-vie commune. On ajoute ensuite au mélange 30 grammes de colle-forte ; on fait bouillir dans un vase quelconque et l'on y verse pendant l'ébullition 30 grammes de bonne térébenthine de Venise. Lorsque ces substances sont dissoutes entièrement, on agite avec soin pour former un mélange bien homogène. Cette colle sert principalement à unir les pièces de verre ou de porcelaine qu'elle fait adhérer fortement ensemble.

Soin à donner aux meubles.

Pour balayer les appartements, ayez soin de choisir un balai garni tout autour d'un bourrelet de velours de coton qui rendra le contact de ce balai aussi *bienfaisant* pour les meubles que celui des autres est *malfaisant*, puisqu'au lieu de les dégrader il les nettoie en passant.

Pour nettoyer les meubles endommagés par l'humidité.

Il faut les passer à une encaustique dont voici la recette :

On prend trois parties de cire à frotter et une d'essence de térébenthine. On en fait donc selon ses besoins.

Il faut mettre d'abord sa cire à fondre sur un feu

très-doux, quand elle est fondue sans bouillir, on l'écume et avant qu'elle soit refroidie, on la bat bien avec son essence qu'on y verse goutte à goutte, ce qui forme une espèce de pâte, qu'on met dans un pot. Puis on prend de cet encaustique avec un tampon de toile et on l'étage bien sur le bois du meuble que l'on veut nettoyer ; puis aussitôt on frotte bien fort avec un chiffon de laine jusqu'à ce que le bois ait repris son brillant.

C'est ainsi qu'on remet les meubles à neuf.

Pour rendre le brillant au vernis des meubles.

On coupe par partie égale de l'huile de lin avec de l'essence de térébenthine ou de l'esprit-de-vin si on craint l'odeur de l'essence, on frotte bien ses meubles avec un peu de ce mélange sur un chiffon de laine et ils reviennent très-brillants.

Pour rendre leur brillant aux parquets sur lesquels on avait mis du sicatif.

Quand votre sicatif est terni et même que la couleur en est passée, lavez bien votre parquet avec de l'eau fraîche et une fois qu'il sera sec étendez dessus le même mélange que j'ai conseillé pour rendre le vernis aux meubles, frottez bien et votre parquet redeviendra très-beau.

Entretien du vernis des meubles.

Les meubles vernis sont les plus beaux sans doute, mais ils perdent beaucoup par l'action du temps ;

toutefois ce n'est point pour eux un *irréparable outrage*, si on les entretient convenablement.

On y parvient en ayant soin d'*essuyer* (et non de frotter journellement) le vernis avec de vieux linges secs et blancs. On fait disparaître les petites taches qui peuvent survenir avec un linge un peu mouillé, et en passant ensuite un linge blanc et sec. L'huile d'olive fait aussi disparaître ces petites taches ; mais il en faut mettre très-peu, ne pas lui laisser le temps de pénétrer le vernis, et sécher de suite avec un linge sec. On remédie à des taches plus grandes par une eau de savon bien forte, que l'on pose sur le vernis et qu'on laisse sécher.

On aide, s'il le faut, cette dessication avec du tripoli, puis on essuie le tout avec un linge fin et sec. Quand le vernis a souffert de cette réparation, on le ravive avec un tampon légèrement imbibé d'esprit-de-vin.

Par ces moyens, on rend au vernis sa première beauté. Lorsque le vernis est enlevé, on ne peut lui rendre son lustre, il faut le revernir de nouveau.

Moyen de rendre la faïence et la porcelaine moins fragiles.

Ce moyen est très-simple et par conséquent extrêmement praticable. Voici en quoi il consiste.

Mettez votre faïence dans une lessive de cendres ordinaires, puis laissez bouillir le tout pendant une heure ou deux.

Les sels de la cendre s'incrusteront ainsi dans les pores de la faïence, et la rendront plus compacte, et l'émail même de cette faïence sera préservé de toutes les gerçures que pourrait lui occasionner une trop forte châleur.

Vous pouvez procéder pour la porcelaine absolument de la même façon que pour la faïence.

Nettoyage des carafes de cristal.

Roulez de petits morceaux de papier gris non collé ou de papier brouillard et humectez-les d'eau de savon. Introduisez-les dans les carafes avec de l'eau chaude jusqu'au quart de la carafe; secouez fortement pendant quelques minutes, videz les carafes, rincez-les à l'eau claire; essuyez l'extérieur avec un linge fin et laissez égoutter. Lorsque les carafes seront sèches, elles seront aussi brillantes qu'étant neuves.

Procédé pour garantir les papiers et les livres des rats, des mites et de la moisissure.

Les bibliothèques, armoires et tablettes auxquelles on voudra communiquer cette précieuse propriété, devront être faites en bois de sapin.

Il faudra, en outre, les revêtir d'un papier ayant reçu la préparation particulière que voici :

Trempez-le dans une solution d'azote de mercure, et appliquez-le sur le bois au moyen d'une colle d'amidon ou de farine.

Seulement vous devrez, avant de l'employer, avoir ajouté à cette colle de l'hydrochlorate de baryte, délayé dans de l'eau et le jus obtenu d'un certain nombre de gousses d'ail.

Ce procédé doit être recommandé pour de grandes

bibliothèques remplissant des pièces isolées, plutôt que pour de petites bibliothèques d'appartements, ainsi que pour les grandes armoires à linge ne servant pas souvent.

Pour donner aux meubles en sapin et en bois blanc, l'aspect du palissandre ou du noyer.

On peut donner aux modestes meubles en sapin et en bois blanc, même quand ils sont recouverts de colle, l'aspect du bois de palissandre et du noyer.

Il suffit pour cela de faire dissoudre dans de l'eau tiède, jusqu'à saturation complète, du *caméléon minéral* et de l'étendre avec un pinceau sur le bois qu'on veut teindre, jusqu'à ce qu'il atteigne la nuance qu'on veut produire.

Cinq minutes suffisent d'ordinaire pour arriver à ce résultat.

Chaque espèce de bois a sa manière de subir cette opération : le poirier et le cerisier se teignent très-rapidement ; le bois blanc plus lentement ; le sapin, à cause de sa résine, résiste plus longtemps encore.

On lave ensuite à grandes eaux les objets que l'on a teints, on les laisse sécher, on les huile et on les polit.

Le caméléon minéral possède la propriété de se décomposer, par le contact des fibres végétales qui le précipitent, en oxide brun de manganèse, que la potasse, en se dégageant, fixe d'une manière durable.

Pour rendre l'argenterie très-brillante.

Penez 60 grammes de crême de Tartre, une quantité égale de blanc d'Espagne, 30 grammes d'alun que vous faites préalablement réduire en poudre et que vous mêlez bien avec les deux premiers ingrédients, arrosez le tout de fort vinaigre, laissez sécher; recommencez une seconde fois cette même opération, et quand ce sera séché encore, réduisez ce mélange en poudre très-fine et serrez-le dans un flacon.

Quand vous voudrez vous en servir, vous en délayerez un peu avec de l'eau, et à l'aide d'une peau de daim, vous en frotterez votre argenterie.

Pour les pièces qui sont ciselées, il faut employer une brosse de blaireau, vous passerez ensuite l'argenterie dans de l'eau que vous aurez le soin de maintenir toujours propre, ensuite vous l'essuierez avec une peau de daim autre que celle qui a déjà servi, et vous frotterez jusqu'à ce qu'il n'y ait plus la moindre humidité.

Nettoyée de cette façon l'argenterie devient aussi belle et aussi brillante que quand elle sort des mains de l'orfèvre.

On peut employer le même procédé pour le ruoltz et autre plaqué.

Autre moyen de nettoyer l'argenterie.

Faites bouillir dans deux litres d'eau, 25 grammes de savon, 35 grammes de sel marin et 25 grammes d'alun.

Lavez l'argenterie dans ce mélange bien chaud.

Les cadres ayant été restaurés par l'un de ces trois procédés, il ne reste plus qu'à y passer une couche de vernis qu'emploient les doreurs.

Autre façon de nettoyer les cadres dorés.

Après avoir, à l'aide d'un plumeau, enlevé toute la poussière de dessus les cadres, on les frottera légèrement avec une brosse douce trempée dans un mélange de trois blancs d'œufs bien battus dans 20 gouttes d'eau de Javelle.

Nettoyage des bronzes dorés.

Mêlez 32 grammes d'acide azotique et 4 grammes de sulfate d'alumine avec 125 grammes d'eau pure.

S'il y a des taches de cire ou de graisse sur les bronzes, il faut commencer par les enlever au moyen d'un peu de potasse dissoute dans de l'eau chaude. Les bronzes bien lavés et essuyés, vous passerez, sur toutes les parties dorées, un pinceau trempé dans le mélange indiqué plus haut, vous les laisserez ensuite sécher au soleil ou devant le feu. Vous les verrez reprendre leur éclat primitif à mesure qu'ils sécheront.

Frottez bien et séchez chaque pièce séparément; puis, couvrez-les de blanc d'Espagne pulvérisé et mouillé d'un peu d'eau; quand ce blanc est sec, enlevez-le de dessus l'argenterie au moyen d'une peau chamoisée, et frottez jusqu'à ce que chaque pièce soit d'un brillant parfait.

Les taches produites par les acides et les fruits s'enlèvent en les frottant avec de la suie, mouillée d'un peu de vinaigre. La suie seule suffit pour ôter les œufs cuits.

Pour nettoyer les cadres dorés.

Voulez-vous rendre aux cadres des glaces et des tableaux leur brillante dorure ? voici ce qu'il faut faire :

Si la dorure n'est que peu altérée, enlevez la poussière avec un plumeau, puis, à l'aide d'une éponge fine humectée dans une légère solution aqueuse de savon, nettoyez délicatement et avec soin tout le cadre.

Voulez-vous un procédé plus efficace ? il consiste en un mélange de 90 grammes de blancs d'œufs, bien battu, avec 30 grammes d'eau de javelle (chlorure de potasse liquide). Les deux substances bien incorporées, on trempe dans le mélange un pinceau doux et on étend de légères couches sur le cadre, surtout aux points qui ont perdu le plus de leur brillant et de leur dorure.

Enfin, on peut mettre une partie d'acide nitrique peu concentré, ou d'eau forte dans 10 parties d'eau, laver le cadre avec une éponge trempée dans ce mélange, et laisser sécher.

CHAUFFAGE

PROVISIONS DE BOIS ET DE CHARBON POUR LES APPARTEMENTS ET LA CUISINE

Économie mal entendue à éviter. — Manière de bien faire le feu. — Divers modes de chauffage. — Moyen d'éviter la fumée. — Manière d'éteindre promptement les feux de cheminées.

Une bonne maîtresse de maison ne doit jamais négliger de veiller au chauffage et de le surveiller comme il faut, car sans cela ce serait une source de dépenses et de désagréments de tous genres.

C'est dans le mois de septembre que l'on fait à la ville les provisions de bois et de charbon de terre, afin de profiter du beau temps pour rentrer le premier bien sec, et pour acheter le second à meilleur marché; il y a au moins deux francs de différence par quintal à prendre le charbon avant l'hiver.

Une bonne ménagère doit savoir ce que chaque cheminée et chaque poêle de sa maison brûlent de combustible pendant l'hiver, afin de régler là-dessus la provision qu'elle doit faire.

La moyenne pour être bien chauffé est un stère de bois et deux quintaux de charbon par feu, dans les mois d'hiver les plus froids, à moins que pour le charbon on ne se serve de ces petites cheminées, dites *américaines*, qui brûlent peu et répandent une grande chaleur; il ne faudrait alors qu'un quintal pour chacune de ces cheminées.

Il y a deux manières de prévenir le gaspillage pour le charbon de cuisine, la première, si on a ce charbon en provision, est d'en donner à la cuisinière soit pour sa journée, soit pour sa semaine en proportionnant selon ce qu'elle doit avoir de cuisine à faire ; l'autre serait de donner chaque mois à la cuisinière une somme d'argent bien réglée, plus forte l'hiver que l'été, argent avec lequel elle devra entretenir sa cuisine du bois et du charbon qui sera nécessaire. De la sorte on sait exactement ce qu'on dépense, et on habitue à l'ordre la fille qui vous sert, car si elle fait des économies, ces économies lui profitent; vous pouvez être sûre alors qu'elle en fera.

Quant au bois et au charbon qui se brûlent dans les appartements, une ménagère doit en surveiller elle-même la distribution.

Il faut prendre les deux tiers du bois nécessaire pour l'année en bois neuf de chêne ou d'orme, un demi tiers en bois de gravier ou flotté, et le reste en bois de hêtre ou de charme qui brûle très vite et doit toujours être placé devant le feu, surtout quand on le prépare chaque matin. Il est bon aussi d'avoir un peu de fagots pour joindre quelques brindilles à cette préparation, afin que le feu s'allume promptement quand on le désire.

On doit toujours prendre un peu plus de bois et de charbon que la quantité nécessaire au nombre de feux de sa maison, parce que l'hiver peut être plus rude ou plus prolongé qu'à l'ordinaire, et qu'il est important de ne point se trouver à court, le bois et le transport augmentant de prix à l'époque des grands froids. Choisissez votre bois d'après la nature de votre chauffage; il va sans dire que pour des poêles, des cheminées dites à la prussienne, il doit être petit. Néanmoins, en cette circonstance même, vous pouvez prendre de gros bois, qui fournit toujours beaucoup plus de chaleur; mais vous aurez le soin de le faire fendre après qu'il sera scié, et avant d'être rangé, car rien n'est plus incommode que d'avoir de gros bois; il faut finir par le faire fendre: c'est un embarras désagréable et coûteux. Prévenez toute chose de ce genre; car en ménage les petites contrariétés, les légères dépenses, se répétant sans cesse, finissent par être un tourment et par produire une grosse somme. Faites donc ranger votre bois séparément d'après ses diverses longueur et grosseur, afin que, lorsqu'on voudra prendre une grosse bûche pour mettre au fond de la cheminée, on ne soit point obligé d'en déranger six et même dix.

Autant que vous le pourrez, ne faites point ranger votre bois à la cave; cela le maintient humide, fatigue les domestiques, les force souvent à l'aller chercher avec de la lumière, quoique ce dernier inconvénient soit facile à éviter. Lorsqu'on habite Paris, des bouges, des cabinets noirs, d'autres dégagements selon les localités; en province, des hangars, sont ce qu'il y a de mieux pour ranger le bois. Mais relativement à ce dernier cas, si vous élevez de la volaille dans la cour où sont placés vos hangars, ayez soin qu'ils soient fermés d'une porte à claire-voie grossière, parce que les volailles, surtout les dindons, ont beaucoup de goût pour y aller percher, et les bûches sont toutes salies de leur fiente. Au reste, de quelque manière que vous fassiez ranger votre bois, ayez, soit dans l'antichambre, soit dans les corridors, soit dans des cabinets voisins de chaque chambre à feu, des coffres que vous ferez remplir de bois, afin de pouvoir, au besoin, prendre votre bois vous-même, et de n'être pas obligé de sonner un domestique, ce qui dérangerait le service et vous ferait attendre à chaque bûche dont vous auriez besoin.

Le fagot que vous emploierez sera coupé et disposé en très-petits tas, afin qu'on n'en brûle pas plus qu'il n'est nécessaire, ce qui arrive lorsqu'il est trop allongé.

Provision de charbon pour la cuisine.

Pour la province surtout, car à Paris on a si peu de place qu'il est souvent bien difficile d'en faire.

Le charbon est un article de provision indispensable, important. Veillez à son choix, car souvent il est mêlé de *fumerons*. Prenez de celui de l'Yonne, réputé le meilleur ; qu'il soit bien gros, sec, résonnant : placez-le au grenier dans de grandes caisses couvertes pour qu'il ne tombe rien dedans, et pour que les chats n'aillent point le salir, ce qui produit ensuite une odeur infecte en brûlant. Calculez ce qu'il faut de charbon par semaine à la cuisine, et donnez la portion hebdomadaire chaque lundi. Il est probable qu'une foule de circonstances (comme la nature de certains plats, quelques personnes à dîner, des bouillons, tisanes, bains de pieds, etc., à faire chauffer), vous mettront quelquefois dans la nécessité d'ajouter un supplément; mais ne l'accordez jamais sans connaître les motifs qui le déterminent. Calculez aussi le charbon nécessaire aux repassages, et distribuez-le de la même façon.

Dans le chauffage, comme en toutes choses, il faut se défier des économies mal entendues. Rangez sous cette dénomination l'emploi des bûches avec de l'argile mélangée de charbon de terre, ainsi que les *briquettes* de même composition : les premières se placent au fond de la cheminée avec une ou deux petites bûches de bois devant, et les secondes en guise de tisons lorsque le feu est allumé. On passe beaucoup de temps à faire prendre le feu : il s'éteint vite, et quelque soin qu'on en prenne, il ne donne point de chaleur. Le coke, charbon de terre qui a servi au gaz hydrogène, et qui, par conséquent, a perdu de son odeur et de sa chaleur, ne peut convenir qu'avec une cheminée garnie d'un gril spécial pour empêcher la fumée. L'usage de mélanger le coke avec le bois dans les cheminées ordinaires est une détestable invention. L'usage des *mottes* est encore une mauvaise économie, car ce combustible passe rapidement, et produit de l'odeur. Du reste, on ne peut pas se servir de mottes dans une maison un peu distinguée. La meilleure, la seule économie possible de ce genre, est peut-être dans la manière de préparer le feu, et surtout dans la construction des cheminées.

Pour qu'une cheminée reflète bien la chaleur, il importe qu'elle soit étroite dans le fond, élargie sur le devant, légèrement étroite et basse. D'après cette disposition, on fait scier pour le fond le plus gros

7.

bois, et on y enterre bien une bûche, de manière à ce qu'il n'y ait de découvert que le côté du devant. Afin d'avancer le feu, de conserver la chaleur et de rendre la combustion de cette grosse bûche plus lente, on donne de la consistance aux cendres, en les humectant d'eau journellement; alors elles deviennent tellement compactes, qu'au bout de quelque temps elles pourraient au besoin remplacer la grosse bûche. Il y a une trentaine d'années que l'on se servait d'une bûche creuse en fonte que l'on remplissait de charbons ardents, et que l'on couvrait de cendre; elle remplaçait la bûche du fond et donnait beaucoup de chaleur; mais son usage apportait un peu d'embarras. Au reste, la bûche du fond ne doit point se déranger; on entretient le feu en renouvelant la bûche de devant. La première peut durer deux jours : lorsqu'elle forme deux gros tisons, on les croise en les recouvrant à demi de cendre.

Quoi qu'il en soit, quand la bûche du fond est bien enterrée, on place devant elle une autre bûche plus longue et moins grosse pour supporter les tisons, ou une troisième bûche plus petite encore. Une barre de fer, placée transversalement, maintient le tout et soutient les tisons. Le feu se place toujours par dessus. Lors même que l'on n'adopterait pas la bonne habitude de lier les cendres, on doit en avoir abondamment, parce qu'elles conservent le feu et augmentent la chaleur; bien entendu qu'elles seront contenues par le cendrier ou garde-cendres, car rien n'est plus malpropre que de les laisser s'échapper du foyer.

Il y a encore les feux de charbon de terre, manière de chauffage adoptée aujourd'hui dans beaucoup de maisons, comme étant plus économique et répandant plus de calorique que le bois. Pour brûler le charbon il faut avoir des grilles ou faire arranger sa cheminée à l'américaine, et prendre toujours le charbon de Charleroy qui est bien préférable à celui de Mons, comme renfermant moins de gaz et portant moins d'odeur.

Afin de ne rien omettre, je ferai mention des poêles à braise, sorte de calorifère de faïence ou de fonte, roulant à volonté, et fait pour recevoir de la braise de boulanger enflammée ou poussière de charbon. C'est non-seulement un chauffage malsain, mais fort dangereux. Aussi je ne le conseille à personne.

Il ne faut laisser faire du feu dans la cheminée de la cuisine que pour les plats qui demandent un feu clair, comme les étuvées, les fritures, etc., encore peut-on faire ces dernières sur le fourneau. Ne négligez donc pas cette surveillance, car c'est à la cuisine que se consomme, à raison du gaspillage, le plus de bois. Mais pour que vos domestiques soient tenus chaudement, faites-y placer en hiver un *de ces fourneaux* dits *ménagère flamande*, fourneaux sur lesquels se fait la cuisine et qui entretiennent une très-bonne chaleur dans la pièce. Vous veillerez aussi à la manière dont ce fourneau sera entretenu. N'oubliez jamais que le devoir d'une maîtresse de maison est de dépenser modérément, convenablement, afin de rendre tout le monde heureux chez elle.

Ne souffrez jamais que l'on éteigne le charbon en le couvrant de cendre, mais exigez qu'on le mette dans un étouffoir, dont, au reste, vos fourneaux doivent être munis.

Pour n'avoir jamais à redouter les suites d'un feu de cheminée, ayez toujours auprès de chacune du soufre en poudre, pour jeter dans le foyer au moment où le feu se déclare. On prend alors la précaution de placer un drap mouillé devant la cheminée, et le feu s'éteint aussitôt.

De la fumée. — La bonne tenue des appartements, le soin d'avoir des bourrelets aux extrémités inférieures et supérieures des châssis de croisées, des lisières ou bourrelets à l'extérieur des portes; de grossiers paillassons devant la porte d'entrée principale, des nattes de jonc devant chaque porte de chambre; quelquefois une porte tombante bien rembourrée, des tapis plus ou moins beaux, tout cela contribue beaucoup à préserver du froid, de l'humidité, et entretient le bien-être à peu de frais. La maîtresse de la maison ne négligera point ces accessoires; mais elle prendra garde surtout, et avant tout, à se garantir de la fumée, car c'est un supplice, un dégât que nul motif ne peut faire endurer. Quand on a le malheur d'avoir des cheminées qui fument, il faut ne se donner ni trêve ni relâche que le mal ne soit réparé.

Mais appeler des fumistes est chose fort onéreuse: ils font souvent des essais inutiles avant de connaître la cause de la fumée, faute de pouvoir observer comme le doivent faire les maîtres de la maison. On verra par les détails suivants combien il est facile de déterminer soi-même, et d'une manière efficace, le remède qu'il convient d'appliquer.

Franklin compte neuf causes de fumée :

1• *Quand l'air extérieur manque pour faire tirer la cheminée*, c'est-à-dire lorsque la chambre ne fournit pas l'air nécessaire, parce qu'elle est exactement calfeutrée; il faut alors pratiquer dans un carreau de la partie supérieure des fenêtres une ventouse formée par une lame de fer-blanc inclinée, ce que l'on nomme *vasistas*; ce nom est allemand, et vraisemblablement l'invention a la même origine. On place cette ventouse le plus haut possible, parce qu'elle fait circuler l'air extérieur au plafond, et par conséquent ne diminue pas la chaleur de la chambre. Depuis quelques années on met à la petite ouverture du carreau une lame de fer-blanc mobile, qui, tournant sur elle-même au moindre vent, produit tout l'air extérieur nécessaire. Néanmoins, ces deux moyens doivent être employés le plus rarement possible, parce qu'ils sont toujours désagréables à l'œil;

2° *Quand la cheminée n'a pas assez d'air, lors même qu'il y aurait quelques ouvertures à la chambre, soit comme portes, fenêtres mal jointes, soit une ventouse ou vasistas.* Faites mettre au-devant en maçonnerie une plaque coloriée d'après la décoration de l'appartement, et par-dessus une autre plaque moins large, à laquelle vous pratiquerez, de place en place, des trous ronds qui conduiront l'air dans le tuyau ;

3° *Quand il y a un courant d'air contraire à celui de la cheminée.* Il arrive souvent qu'une porte située du côté de la cheminée produit un courant d'air qui chasse la fumée dans la chambre chaque fois que cette porte s'ouvre. Pour obvier à cet inconvénient, il faut faire usage d'un paravent, ou, mieux encore, faire changer les gonds de la porte, de manière à ce qu'elle ouvre tout différemment;

4° *Quand le tuyau est trop court.* Il faut faire placer sur le faîte de la cheminée, un tuyau en tôle plus ou moins long, adapté à celui de la cheminée, et surmonté d'un chapeau également en tôle. Tous les poêliers vous en prépareront ;

5° *Quand la cheminée est dominée par un édifice ou éminence quelconque*, employer le remède précédent ;

6° *Pour la cause contraire*, faire seulement placer un chapeau recourbé sur le haut de la cheminée ;

7° *Quand l'embouchure de la cheminée est trop grande dans la chambre*, resserrez-la graduellement avec des planches bien jointes, jusqu'à ce qu'elle ne fume plus, et faites ensuite mettre à la place des planches, des briques placées sur le côté, et revêtues de plâtre. Quelquefois il suffit d'exhausser le foyer ;

8° *Quand le tuyau de deux cheminées se courbe.* Dans les maisons mal construites, il arrive que pour faire servir un tuyau à deux cheminées, on le courbe, et que, par conséquent, l'une des deux manque d'air, ou bien a un tuyau trop court : il faut le faire allonger et lui procurer l'air nécessaire. Cette cause est d'autant plus désagréable que, lors qu'on fait du feu dans une chambre, il fume dans l'autre, où cependant il n'y a pas de feu ;

9° *Quand une cheminée où l'on n'allume pas le feu se remplit de fumée ;*

Si vous éprouvez ce désagrément, observez si cela tient à la cheminée d'une chambre correspondante, et alors prenez les précautions nécessaires dans cette chambre. Il arrive quelquefois que le mal vient d'un appartement voisin. Souvent, aussi, une cheminée fume dans une armoire ou un cabinet; fermez-le bien exactement, recouvrez-le d'un enduit, d'un fort papier; remédiez à la fumée par le moyen ordinaire, faites bien et souvent ramoner, enfin ne négligez rien pour vous défaire de ce fléau domestique.

DE L'ÉCLAIRAGE

De même que le bois, l'huile à brûler doit être prise en provision avant l'arrivée de l'automne, pour éviter la hausse que cette denrée subit dès que vient l'hiver. Il faut savoir aussi ce que brûle chaque lampe qu'on doit faire allumer chez soi, afin de calculer sa provision en conséquence. Une lampe carcel consomme trois hectogrammes d'huile dans les plus grandes soirées ; et une lampe modérateur d'un calibre ordinaire n'en brûle que la moitié, mais elle éclaire moitié moins aussi.

Il est essentiel qu'une maîtresse de maison, si elle ne prépare pas elle-même ses lampes, ce que beaucoup de femmes font pour avoir un joli éclairage, petits soins qui exigent peu de temps et rendent d'immenses services, il est essentiel, dis-je, qu'une maîtresse de maison assiste au moins une fois par semaine au remplissage des lampes pour juger la différence qui s'établit dans la consommation, et faire ses distributions en conséquence, car sans cela *provision* deviendrait *profusion*.

Soins à donner aux lampes.

Telle lampe que l'on ait doit être nettoyée avec soin tous les matins par une personne intelligente, et beaucoup de bonnes maîtresses de maison ne dédaignent pas de s'en charger. Après cela, la cheminée du verre doit être surmontée d'un petit chapeau de papier qui empêche la poussière de s'y introduire, ce qui est nécessaire, surtout quand la lampe reste sans usage.

Dans les grands jours, au moment où l'on renonce à s'en servir, on vide sa lampe pour que l'huile ne s'épaississe pas. Si elle paraît avoir besoin d'être nettoyée, on fait bouillir un litre d'eau dans lequel on fait fondre une once de potasse, on verse de cette eau bouillante dans la lampe, on la rince en jetant le résidu et on recommence jusqu'à ce que l'on ait employé toute l'eau. Cette proportion est pour une petite lampe, mais il faudra la doubler pour une grande. On évite ainsi l'embarras de l'envoyer chez le lampiste, qui ne lui ferait pas autre chose. On bouche toutes les issues à poussière et on laisse ainsi ses lampes jusqu'aux jours courts. Il est essentiel, pour qu'une lampe éclaire bien, que la mèche soit toujours coupée net et que les mouchures ne tombent pas dans l'intérieur.

Le système des lampes Carcel est beaucoup meilleur et n'exige pas ce lavage, pour lequel il vaut mieux s'en rapporter au fabricant.

Il est encore un bon moyen de maintenir ses lampes en bon état pendant le temps qu'on ne s'en sert pas, c'est de les maintenir complétement remplies d'huile et de les monter de temps en temps.

ARRANGEMENT DE SON APPARTEMENT

APRÈS UNE LONGUE ABSENCE

Quand on rentre chez soi après une longue absence, la première chose qu'on ait à faire faire, est un nettoyage complet de chaque chose, car, malgré que vous ayez pris les plus grandes précautions contre elle, la poussière a su s'y introduire et se reposer, et partout et sur tout.

Un balayage complet et sérieux est donc nécessaire d'abord et avant de songer à rien remettre en place.

Après cela, on bat les meubles, on les secoue, on les brosse.

Mais avant tout cela encore, il faut avoir eu le soin d'appeler les fumistes pour faire ramoner vos cheminées, et les mettre en état, parce que ces gens-là font une poussière et un gâchis qui rendraient nuls tous les efforts que l'on aurait pu faire déjà pour nettoyer un appartement.

Votre appartement balayé et vos meubles battus, vous vous occupez des fenêtres et des glaces pour les nettoyer.

Les vitres ont été couvertes de blanc d'Espagne,

lors de votre départ, et maintenant vous devez ôter ce blanc d'Espagne, ce qu'il ne faut jamais faire avec un chiffon mouillé, mais tout simplement en les frottant avec un torchon bien sec.

Cette opération faite, vous lavez vos carreaux, et voici comment il faut s'y prendre.

On prend un vieux morceau de journal, on le roule en tampon, puis on le trempe dans l'eau de façon seulement qu'il soit bien humide et non ruisselant, avec cela on frotte bien les vitres en dedans et en dehors, et on les essuie avec un autre tampon de papier de journal, mais qui cette fois est sec.

Ce papier est mille fois préférable au linge pour enlever la crasse qui pourrait se trouver sur les verres, et aussi parce qu'il n'y laisse aucune trace cotonneuse.

Les glaces et les vitres des tableaux se lavent de même que les vitres des fenêtres.

Si les tableaux sont à l'huile, avant de les remettre en place on passe très légèrement dessus une petite éponge humide seulement, afin d'enlever la poussière et la fumée qui auraient pu s'y attacher.

Vos cadres et vos glaces nettoyés, vos meubles hors de leurs housses, vous sortez vos rideaux et vos portières des armoires et vous les faites remettre en place. Puis vous appelez le tapissier pour qu'il pose vos tapis, ce qui se fait toujours en dernier lieu.

Si ces tapis ont été gardés chez vous, vous les faites de nouveau battre et brosser, avant de les donner à mettre en place, absolument comme on l'a fait quand on les a déposés.

Faites bien frotter les parquets sur lesquels on doit

poser les tapis, cela conserve ces tapis propres longtemps.

Quand on tient à l'élégance du chez soi, et rien n'est plus coquettement élégant qu'une douce et bonne odeur répandue dans son appartement, un petit soin qui entraîne peu de frais et qui donne un parfum des plus agréables, est celui de faire poser des sachets odorants sous les quatre coins du tapis du salon.

Ces sachets se composent de poudre d'iris, de verveine, de lavande, etc.; on en fait encore avec les herbes de Montpellier; ils dureront tout l'hiver et répandront dans le salon une légère odeur fort agréable.

On met aussi de ces sachets sous les coussins des canapés et des bergères, que, du reste, ils servent aussi à préserver des mites.

Avant de mettre en place vos rideaux et vos portières, vous avez dû faire nettoyer à l'eau de cuivre les bâtons qui les tiennent. S'ils sont dorés on n'aura dû que les frotter à sec, et s'ils sont en bois on les aura frottés avec de l'huile de lin coupée d'esprit-de-vin.

De même que les fenêtres et les portes sur lesquelles ont été replacés et les portières et les rideaux, ont dû être lavées avant, tout entières, — mais cela si elles sont peintes à l'huile, — avec un peu d'eau coupée d'eau seconde.

Si le bois de vos meubles est terni, faites-le frotter avec de l'huile de lin et d'essence de térébenthine par moitié chacun, à l'aide d'un petit chiffon de laine avec lequel on doit frotter bien fort. C'est ce que l'ouvrier dans son langage figuré appelle de *l'huile de bras*, et c'est la seule manière qu'ont les ébénistes pour remettre les meubles à neuf.

Si vous avez quelque pièce de votre appartement qui ne soit pas frottée, dans laquelle on ne mette pas de tapis et dont le parquet soit mis au sicatif, voici la façon de rendre au sicatif son brillant s'il est terni.

Vous le lavez bien à grande eau, après cela vous le laissez parfaitement sécher, puis vous passez dessus un chiffon de laine trempé dans de l'huile de lin coupée avec de l'esprit-de-vin et vous frottez bien sur votre parquet avec ce chiffon.

Il existe une fort mauvaise habitude c'est celle de passer un petit chiffon huilé sur les marbres noirs des vestibules ou des salles à manger, car cette huile ne sèche jamais bien et le bas des robes des dames en emporte des traces. Ne laissez donc jamais faire cela chez vous. Un petit morceau de couenne de lard remplira le même effet, en donnant moins de peine et n'entraînant aucun inconvénient après lui.

Si malgré vos précautions les pelles et les pincettes sortent rouillées de vos armoires, il faut les faire nettoyer : celles en cuivre avec de l'eau de cuivre, les autres en les frottant bien fort avec du papier de verre.

Vous faites jeter l'eau qui a séjourné tout l'hiver dans vos fontaines, et avant de les laisser remplir à nouveau, il faut les faire nettoyer à l'intérieur, de même que les robinets.

Une fois que votre appartement est bien en ordre, vous vous occupez de sortir tous vos effets d'hiver et de serrer avec soin tous vos effets d'été.

Les chapeaux de paille se conservent frais comme les chapeaux blancs en les enveloppant de ouate et les mettant dans une caisse ou un carton hermétiquement fermé.

Vous faites visiter vos dentelles et au besoin vous les faites raccommoder, c'est du désordre que de les porter ou de les serrer en mauvais état.

Il ne faut pas laisser dans l'empois ni vos robes ni vos lingeries d'été. Faites-les donc passer à l'eau avant de les serrer.

Que vos robes légères qui ne vous servent que pendant la belle saison soient bien secouées, bien pliées et renfermées dans des armoires. Mais si on préfère les laisser pendues dans la crainte qu'elles ne se chiffonnent, il faut les mettre dans de grands sacs qui les préservent et de la fumée et de la poussière.

Les effets d'été des enfants doivent être aussi nettoyés avec soin et renfermés dans des armoires, car s'ils sont devenus trop petits quand on les reprend ils pourront servir à d'autres, et à ce défaut vous conduire à faire d'utiles charités à de pauvres mères que vous rendrez bien heureuses par ce don.

L'ordre est le fils aîné de la charité, aussi est-il plus qu'une qualité, c'est une vertu.

Ce moment est choisi aussi pour faire carder les matelas qui étaient restés dans l'appartement de la ville, car si on les emporte tous à la campagne, il est bien préférable de faire faire cette opération par une belle journée d'été, afin que, sorties de leurs toiles, les laines qu'elles renferment puissent être exposées pendant quelques heures au soleil, ce qui leur fait grand bien.

Dans une maison sagement administrée, le cardage des matelas se fait tous les deux ans pour chacun : la moitié un an, la moitié l'autre, et de la sorte les lits sont toujours bons et moelleux.

RECETTES DIVERSES

POUR L'ENTRETIEN DE SES EFFETS ET DE SA PERSONNE.

Manière de conserver les laines, les plumes, etc.

Pour conserver les laines, les plumes et duvets, et les préserver des avaries, il faut d'abord les exposer au four après que le pain en est retiré, les mettre ensuite dans un lieu sec et aéré, et les remuer tous les jours. On les empêche de devenir la proie des insectes en les blanchissant à l'eau de savon, en les lavant ensuite à plusieurs eaux et en les exposant au grand froid pendant l'hiver, après les avoir bien battus avec des houssines.

Si on avait besoin d'épurer les laines, il faudrait les laisser tremper quelques jours dans douze litres d'eau froide dans lesquelles on aurait fait dissoudre une livre et demie d'alun, et autant de crème de tartre. On les laverait ensuite, et on les ferait sécher.

Moyen de garantir la laine et les fourrures de la teigne

Étendez une couche légère d'esprit de térébenthine sur des feuilles de papier et posez ces feuilles, à revers, sur les meubles et hardes attaqués par les teignes ; ces insectes mourront aussitôt.

On peut arroser aussi les fourrures ou les étoffes de laine, ainsi que les tiroirs et les coffres qui les renferment, avec de l'esprit de térébenthine. L'exposition des étoffes à l'air suffit pour faire évaporer l'odeur désagréable de cette matière.

On voit beaucoup de marchands de draps et de laine mettre des morceaux de camphre, de la grosseur d'une noix muscade, dans du papier, sur les tablettes de leurs boutiques ; avec cette précaution, et en nettoyant leurs étoffes tous les deux, trois ou quatre mois, ils les sauvent de la teigne. On peut se servir du même moyen pour les étoffes enfermées dans des coffres.

Pour détacher les fourrures.

Lorsqu'elles ont été salies par quelque corps gras, on les nettoie en les saupoudrant d'argile, et en les pressant fortement avec un fer chaud. On doit toutefois se bien garder de frotter ni d'employer une chaleur trop forte. Le poil, dans ce cas, se dessécherait, et perdrait à la fois son élasticité et son brillant.

Pour nettoyer les bijoux.

Les pierres précieuses se nettoient avec un peu d'eau de Cologne et une brosse douce que l'on passe sur du blanc d'Espagne. L'or se nettoie avec du vin chaud, de l'alcali, ou de l'esprit-de-vin.

Il faut envelopper les bijoux dans du coton, et les placer dans un endroit sec.

L'acier doit être enveloppé de papier joseph,

essuyé avec un linge doux, sec, et mis à l'abri de l'humidité.

Pour enlever les taches faites par les couleurs à l'huile.

Voici deux procédés pour enlever les taches produites par les couleurs à l'huile :

1º — Le premier de ces procédés consiste à prendre un morceau de pain rassis, et à en frotter fortement, du côté de la mie, l'endroit taché. La tache ne sera pas longtemps à disparaître ;

2º — On y parvient également en employant l'essence de térébenthine, qu'on enlève à son tour avec de l'alcool pur, en tenant la partie tachée devant le feu.

Ces deux moyens sont faciles et peuvent être généralement employés.

Manière d'arrêter le feu qui prend aux vêtements.

Les accidents par le feu sont fréquents, et on ne saurait trop multiplier les précautions qui tendent à les prévenir, surtout lorsqu'on a des enfants, dont la vivacité et l'imprudence n'occasionnent que trop souvent de funestes accidents : placez des châssis grillés devant les cheminées et devant les poêles.

Lorsque le feu prend aux vêtements, il faut aussitôt, si l'on est seule, se jeter à terre, car la flamme qui s'élève peut gagner la figure, ou s'envelopper avec une couverture : le feu cesse à l'instant. Ne jetez point d'eau sur une personne dont les vêtements sont en feu ; vous pourriez lui faire beaucoup de mal.

Sachet de toilette.

Le sachet dont je vous donne la formule est destiné à embaumer le linge et les innombrables riens de la toilette. Prenez :

    10 centigrammes de musc.
    4 grammes de benjoin.
    16 grammes d'iris de Florence.
    12 grammes de girofle.
    12 grammes de cannelle.
    24 grammes de fleurs de lavande. Le tout en poudre.

Mélangez ces substances, mettez-les dans une ouate blanche arrosée avec 60 centigrammes d'essence de lavande, de bergamotte, de camomille et de rose ; enfermez cette ouate dans un grand sac de soie hermétiquement fermé tout autour ; placez ce sachet dans votre armoire à linge, ou dans votre boîte aux châles ou aux mouchoirs, et vous aurez toujours sur vous une odeur agréable et assez douce pour ne jamais incommoder même les personnes les plus susceptibles.

Pour rendre la couleur primitive aux étoffes noires rougies.

Lorsqu'une étoffe noire a rougi ou qu'elle s'est ternie, on peut en raviver la couleur par le procédé suivant :

On fait bouillir dans une chaudière, pendant une demi-heure, 56 à 60 grammes de bois de Campêche coupé en morceaux et enfermé dans un sac de toile claire, et, après avoir fait tremper dans de l'eau un peu chaude l'étoffe que l'on veut reteindre, on la tord le plus fortement qu'on peut et on la plonge dans la chaudière, où on la laisse bouillir pendant une bonne demi-heure.

Au bout de ce temps, on sort l'étoffe ; on ajoute au bain gros comme une noisette de sulfate de fer, qu'on laisse se dissoudre ; on agite le bain avec une spatule, et on y plonge de nouveau l'étoffe qu'on laisse bouillir pendant une autre demi-heure, après quoi l'opération est terminée.

Le noir doit avoir repris toute sa vigueur.

Nettoyage des chaînes d'acier poli.

Mettez la chaîne tout entière dans un morceau de drap blanchi de craie.

Repliez bien les extrémités du drap, pour que la chaîne soit bien enveloppée, et frottez le tout entre vos mains pendant quelque temps.

Le frottement que les maillons éprouvent entre eux enlève l'oxyde qui les tachait, et leur rend le poli.

Une fois la chaîne sortie du drap, vous pouvez y passer une brosse dure, pour faire disparaître jusqu'aux moindres parcelles de craie.

Pour nettoyer les étoffes de laine.

Les robes et les jupons d'étoffe de laine doivent être décousus avant de procéder à leur nettoyage. Il faut ensuite couvrir de savon sec toutes les tâches. Faites bouillir pendant quelques minutes 180 grammes de farine de moutarde dans 6 litres d'eau, laissez refroidir jusqu'à ce que vous puissiez y tenir la main. Mettez l'étoffe dans une terrine et jetez dessus l'eau de moutarde ; savonnez les tâches avec soin ;

rincez à plusieurs eaux ; quand la dernière reste claire, étendez l'étoffe sur une corde et laissez sécher. Pour la repasser, servez-vous d'un fer bien chaud et placez sur l'étoffe un linge humide.

Pour nettoyer les bougies.

La bougie doit être blanche, sèche, ne point couler ni se moucher. Lorsque les bougies ont été salies par les mouches ou par la fumée, on les nettoie avec une légère eau de savon, qui enlève ces tâches, et on les essuie soigneusement avec un linge blanc et sec. Elles reprennent alors leur éclat : ne les mouillez pas beaucoup, et n'employez que de l'eau froide.

Nettoyage des étoffes de soie ou de cachemire.

Prenez 250 grammes de miel, 250 grammes de savon noir et un grand verre d'eau-de-vie, mêlez le tout ensemble, mettez sur le feu et laissez bouillir un quart d'heure.

Etendez l'étoffe sur une table, puis avec une brosse douce, trempée dans le mélange, frottez légèrement et toujours dans le sens de la lisière; les parties tachées devront être frottées plus fortement ; rincez ensuite à l'eau froide, jusqu'à ce que l'eau reste claire, puis étendez l'étoffe sans la tordre pour la faire égoutter. Repassez à moitié sec.

Pour les foulards et le cachemire employez le même mélange.

Pour nettoyer les flanelles ou tricots de laine blanche.

Pour la flanelle ou les tricots de laine blanche comme brassières, jupons, etc., prenez une forte poignée de cendre de bois neuf, enveloppez-la dans un linge, jetez de l'eau bouillante dessus, laissez tremper cette cendre un quart d'heure environ, ajoutez une égale quantité d'eau froide de manière à n'avoir plus que de l'eau tiède, retirez la cendre, trempez dans cette eau la flanelle ou le tricot, savonnez avec du savon de Marseille, en réchauffant votre eau graduellement; rincez d'abord à l'eau tiède, puis à l'eau froide.

On peut encore nettoyer les étoffes de laine de couleur en les lavant simplement dans l'eau chaude, en se servant de *terre glaise* en guise de savon, et quand on juge l'étoffe suffisamment nettoyée, on la rince dans de l'eau froide jusqu'à ce que la *terre glaise* ait disparu, en ayant soin de ne jamais serrer ni tordre; on étend ensuite pour faire égoutter, et on repasse à moitié sec.

Pour nettoyer le mérinos ou l'indienne.

Lavez votre étoffe dans de l'eau tiède, dans laquelle vous avez mis de la pomme de terre râpée très-fin (il faut commencer par la peler); ensuite rincez soigneusement dans de la bonne eau de rivière; pour le mérinos, il faut, sans le tordre, le suspendre sur une corde et, après l'avoir bien étendu, le laisser sécher ainsi.

Moyen de nettoyer les dentelles à neuf.

Voici deux recettes qui vous seront très-utiles à l'époque où les dentelles remplacent les fourrures et sont le premier principe d'une toilette ; c'est la manière de les nettoyer.

Dentelles noires.

Pliez vos dentelles à plis les uns sur les autres ; passez un fil tout en haut de ce qui doit former un petit paquet ; un fil en bas, si votre dentelle est large : mettez-en un également au milieu. Trempez cette dentelle ainsi arrangée dans de la bière, sans savon ni rien autre chose ; frottez-la bien, mais ne la rincez pas. Lorsqu'elle sera sortie de la bière, roulez-la dans un linge, et repassez-la plus ou moins humide, si vous la voulez plus ou moins ferme. Mettez-la pour la repasser sur de la laine épaisse, à l'envers, et mettez dessus une grosse mousseline, pour éviter le brillant que laisse toujours un fer chaud.

Dentelles blanches.

Roulez vos dentelles bien tendues sur un morceau de cristal ou une longue bouteille forme d'anisette ou Bordeaux, mettez-en tant que vous en avez les unes sur les autres ; puis cousez bien serrée une bande de toile par-dessus, afin qu'elles soient entièrement couvertes. Faites une bonne eau de savon bien grasse ; mettez-y votre bouteille ainsi habillée. Vingt-quatre heures après sortez-la, pressez-la bien dans vos mains, afin d'en faire sortir l'eau sale ; remettez-la dans une autre eau de savon, et ceci trois jours de suite. Mettez-la après dans de l'eau fraîche et laissez-la tremper jusqu'à ce que toute l'eau de savon en soit sortie ; puis faites une petite eau de gomme légère; mettez-y un soupçon de bleu, et trempez-y encore votre bouteille. Tout ceci fait, enveloppez-la d'une serviette et épongez autant d'humidité que vous pourrez. Alors ayez une couverture de laine épaisse, des fers d'une bonne chaleur, et repassez vos dentelles à mesure que vous les déroulerez. Avec les précautions que je vous indique, vos picots seront absolument conservés comme si vos dentelles étaient blanchies à neuf. Si dans vos dentelles blanches vous en avez une *en point*, quand elle sera repassée, relevez chaque fleur avec un petit bout d'ivoire.

Blanchiment de la dentelle à demi-neuf.

Trempez-la pendant un certain temps dans de l'eau de savon chaude.

Vous ne la frotterez pas ; vous la presserez seulement dans vos mains, et aussi doucement que possible.

Après cela, vous la ferez sécher au soleil.

Des personnes expérimentées la font mitonner, avec de la graisse de mouton, dans une eau de savon très-chargée.

Avant de la repasser, on lui donne une eau d'empois blanc très-légère.

On la fait ensuite sécher à moitié dans un linge.

Pour conserver les rubans frais.

Aujourd'hui qu'on a repris les ceintures et que les robes sont très-ornées de rubans, ces choses-là, renouvelées souvent, deviendraient une grande dépense ; mais avec un peu d'ordre, une femme rangée peut très-bien conserver toute une année frais les rubans dont elle a besoin: en voici le moyen.

Quand vos rubans encore frais sont fripés par l'humidité, faites fondre 35 grammes de gomme arabique dans un verre d'eau. Défaites votre garniture, étendez le ruban sur une table, passez à l'envers une éponge imbibée d'eau de gomme de façon à ce que le ruban ne soit qu'humecté. Repassez-le, toujours à l'envers, avec un fer pas assez chaud pour altérer les couleurs, mais suffisamment pour bien sécher l'humidité et vous rendrez à votre ruban la fermeté et le brillant du neuf. Cette méthode est surtout merveilleuse pour les rubans de gaze.

Nettoyage économique.

Pour préserver les couleurs des étoffes de toile, lavez-les dans de l'eau dans laquelle ont bouilli des haricots blancs.

Pour nettoyer les marabouts et les plumes.

Râpez la valeur d'une noix de savon blanc, faites fondre sur le feu, dans un demi-litre d'eau ; après avoir laissé l'eau bouillir quelque temps, retirez-la, attendez qu'elle soit tiède ; alors faites-y tremper vos plumes, prenez-les ensuite une à une par la tige, et pressez-les doucement pour en retirer la poussière et la saleté ; retrempez-les encore dans de l'eau de savon, et recommencez jusqu'à ce qu'elles soient entièrement propres. Alors remuez-les dans de l'eau fraiche, puis mettez-les sur un linge blanc au soleil s'il fait chaud, devant le feu s'il fait froid, pour les faire sécher. Lorsqu'elles le seront, frappez-les dans vos mains, puis approchez-les légèrement de la flamme du foyer afin de les faire gonfler et revenir comme si elles sortaient de la boutique.

Pour nettoyer les souliers de satin blanc.

Prenez un morceau de flanelle neuve, trempez-le dans de l'esprit-de-vin et frottez en doucement le satin dans le sens de la longueur jusqu'à ce que votre satin et votre flanelle soient bien secs.

Eau destinée à nettoyer les tissus de coton, de laine et même de soie.

On prend des pommes de terre que l'on jette dans un baquet rempli d'eau ; on les laisse tremper quelques heures afin que la brosse puisse facilement les débarrasser de toutes les matières qui les accompagnent. On les réduit ensuite, au moyen d'une râpe ordinaire, en une pulpe que l'on reçoit sur un tamis placé au-dessus d'un vase contenant très-peu d'eau ; on parvient ainsi, et par la pression, à faire sortir l'eau de végétation qui est dans la pulpe, et qui se réunit dans le vase placé au-dessous du tamis. On laisse alors reposer, on sépare la partie solide (fécule, dont on pourra se servir comme aliment) et on garde l'eau pour l'usage. Ce qui reste sur le tamis peut s'employer pour brûler.

On préparera ensuite une table, qu'on aura soin de recouvrir d'une toile bien propre, et on y étendra l'objet à nettoyer. On le frottera légèrement et à plusieurs reprises avec une éponge trempée dans le liquide séparé des pommes de terre, on rincera ensuite dans une eau bien claire ; si l'opération a été bien conduite, l'étoffe sera parfaitement propre.

Pour ôter les taches de la soie.

Mêlez ensemble 60 grammes d'essence de citron et 40 grammes d'essence de térébenthine. Agitez bien le mélange dans une fiole. Pour enlever les taches de graisse ou autres sur une étoffe de soie, imbibez un linge doux de ce liquide et frottez-en la tache ; elle ne tardera pas à disparaître.

Moyen de raccommoder les habits déchirés.

Voici de quelle manière on procède :

On dispose entre le drap et la doublure, à l'endroit de la déchirure, une petite bande de gutta-percha ; on met ensuite en contact les parties séparées, puis on pose sur le tout un fer chaud dont l'action rend instantanément ces divers éléments adhérents les uns aux autres ; et le raccommodage est opéré par voie de soudure, aussi proprement que solidement.

Moyen de raccommoder d'une façon imperceptible une robe de soie déchirée.

Pourvu que cette déchirure soit faite en droit fil, on peut la dissimuler parfaitement de la façon suivante :

On ébarbe bien avec des ciseaux fins les deux côtés déchirés, on les rapproche complétement, et à l'envers, sur la fente qui a disparu, on colle, à l'aide de la colle à bouche ou d'une eau gommeuse assez forte, une petite bande de soie pareille à la robe. Quand cette colle ou gomme est sèche, votre reprise perdue est faite.

Manière de dégraisser les brosses.

L'expérience prouve qu'une brosse dont on s'est servi depuis quelque temps devient sale et grasse, et qu'alors elle nuit plus aux habits et autres étoffes sur lesquels on la fait passer, que la poussière qu'elle est destinée à enlever. Le moyen de remédier à cet inconvénient est très-simple et mérite d'être consigné ici. Il consiste à frotter fortement avec cette brosse la carre d'une planche, d'une table, ou de tout autre objet, après y avoir appliqué du papier blanc, sur lequel se déposera ainsi toute la saleté contenue dans cette brosse, et qui, sans cette précaution, s'attacherait aux habits.

Pour enlever des taches de fruits sur une étoffe.

Allumez du souffre dans un entonnoir, et pendant qu'il brûle, tenez l'endroit de l'étoffe qui est tâché, au-dessus de l'orifice du petit trou de cet entonnoir. La vapeur souffrée en passant à travers de cette étoffe, fera complétement disparaître la tâche.

Semelles imperméables.

Une mince feuille de caoutchouc interposée entre es deux morceaux de cuir dont se compose la semelle d'un soulier empêchera l'humidité de la traverser.

On peut remplacer la feuille de caoutchouc par un morceau de vessie, en ayant bien soin de tourner le côté intérieur de la vessie du côté de la terre : dans ce sens elle est imperméable.

Nettoyage des bijoux d'or, de doublé et de vermeil.

Jetez un peu de sel ammoniac dans de l'eau bouillante, remuez, plongez-y les bijoux en les retirant aussitôt, puis essuyez-les dans des linges très-fins ; lorsqu'ils seront complétement secs, brossez-les avec une brosse douce et un peu de rouge d'Angleterre.

Nettoyage des gants.

Vos gants bien étirés, posez-les à plat sur une planche, couvrez-les *d'argile à dégraisser*, mais après l'avoir fait bien sécher ; prenez ensuite une flanelle et frottez vos gants à sec ; secouez-les afin d'enlever complétement la première poudre, et frottez-les de nouveau avec du son fin mêlé de blanc d'Espagne pulvérisé ; secouez-les encore et essuyez-les avec une flanelle propre.

Autre manière.

On mouille dans du lait un morceau de flanelle qui n'est pas trop claire, et on le trempe légèrement dans du savon en poudre. On monte son gant sur une forme, ou bien on passe un bâton dans chaque doigt qu'on frotte avec cette flanelle. La saleté du gant s'attache à la flanelle. Quand la peau est sèche, on lui redonne du lustre avec la craie de Briançon.

Manière de rafraîchir le velours.

Décousez d'abord soigneusement le vêtement de velours auquel vous voulez rendre sa fraîcheur, en ayant l'attention de bien enlever tous les fils qui pourraient rester des anciennes coutures. Attachez tous ces morceaux de velours séparés, sur un métier à tapisserie. Faites une forte infusion de thé, versez cette infusion dans un saladier ou dans une terrine ; mettez-la sous le métier où est tendue votre étoffe afin que l'humidité se répande sur son envers. Quand cette étoffe sera humide sans être mouillée, retirez votre fumigation en retournant le métier ; passez sur l'envers du velours un fer assez chaud pour le sécher, mais pas assez pour le roussir.

Si cette opération est bien faite, votre velours redeviendra comme neuf.

Procédé pour réargenter les galons et les ornements en broderie ou passementerie argentée servant d'ornements aux habits, aux rideaux ou aux meubles.

Les galons, broderies saillantes, glands, etc., en cuivre argenté, perdent en très-peu de temps leur lustre et se désargentent ; on peut aisément les réargenter par la méthode suivante :

Dans une fiole de verre on fait dissoudre, au moyen de 15 grammes d'eau-forte, 44 gr. d'argent ou une pièce de 20 sous cassée en petits morceaux. Quand l'argent est dissous, on jette la dissolution dans un verre à boire contenant de l'eau très-salée (120 gr. d'eau pour 30 gr. de sel gris); il se forme un dépôt blanc ; on remue avec un petit bâton un moment puis on laisse en repos. Le lendemain on soutire, on jette tout le liquide. On verse sur le dépôt de l'eau fraîche pour le laver, et on soutire encore. On verse ensuite ce dépôt sur un morceau de papier gris. Quand il est sec, on le mêle dans un mortier avec 12 gr. de crème de tartre et 4 gr. de blanc d'Espagne. Cette poudre un peu mouillée, frottée longtemps avec un linge et le bout du doigt sur les ornements d'argent, les argente mat avec une grande perfection et une grande solidité. Quand tout est sec, on brosse les objets avec une brosse à dents et on les secoue.

Encre à marquer le linge.

En Angleterre il est d'usage général de marquer le linge par écrit, et chacun sait que l'encre anglaise, spéciale à cet usage, est la meilleure. Voici le moyen d'en faire de semblable.

Ayez deux bouteilles, l'une capable de contenir un quart de litre, l'autre plus petite.

Dans la première, mettez de l'eau gommée dans la proportion suivante : 15 grammes de gomme arabique dans 250 grammes d'eau de pluie, puis ajoutez-y 15 grammes de carbonate de soude.

Dans la seconde, mettez 8 grammes de nitrate d'argent, vulgairement connu sous le nom de pierre infernale, et 8 grammes de gomme arabique bien fondue dans 50 grammes d'eau de pluie ; agitez bien.

Tenez surtout la dernière bouteille bien bouchée.

Une fois ces deux mélanges faits, agitez-les bien en secouant les bouteilles au moment de vous en servir. Imbibez le linge, à l'endroit où vous voulez le marquer, avec le mélange de la première bouteille et laissez-le sécher en le conservant bien à plat ou uni. Une fois sec, prenez une plume, écrivez avec le mélange de la seconde bouteille, et présentez au feu ou passez un fer chaud à l'envers du linge ; les caractères tracés seront ineffaçables.

Prenez soin de ne pas mettre votre plume à la bouche, évitez les éclaboussures de la petite bouteille. En un mot, ne laissez pas le liquide se répandre sur les doigts ou sur les effets ; le nitrate d'argent est un corrosif et un poison.

Des taches de graisse et de fruits.

Les taches de graisse sur les étoffes de soie ou de couleur foncée, ou sur celles de coton dont on veut ménager l'apprêt, s'enlèvent en couvrant la tache, à l'endroit et à l'envers, de plâtre neuf ou de craie de Briançon ; on la place ensuite entre plusieurs doubles de papier de soie et l'on passe dessus à plusieurs reprises un fer chaud.

Sur le satin blanc, rose, bleu, etc., etc., enlevez les taches avec du talc de Venise que vous frottez dessus avec le doigt. Si quelque acide mêlé à la graisse avait altéré la couleur, on la fait revivre en mettant sur la tache de l'alcali volatil pur.

Les taches de fruits. Allumez du soufre dans

un entonnoir et tenez, pendant qu'il brûle, votre tache au-dessus de l'orifice du petit trou de l'entonnoir ; la vapeur, en passant à travers l'étoffe, fera disparaître la tache.

Taches de la peau. Moyen de les enlever.

La peau est sujette à plusieurs légères affections qui se manifestent sous forme de petites taches plus ou moins foncées, plus ou moins larges et profondes. Toutes les fois que ces taches n'ont pas pour cause une maladie interne, un vice héréditaire, l'hygiène et les cosmétiques peuvent les combattre avec succès et les effacer entièrement. Les taches que le soleil développe sur la peau, nommées vulgairement taches de son, les éphélides récentes résultant d'un contact impur, cèdent presque toujours à l'action d'une *solution concentrée de sulfure de potasse*. Voici la manière de les traiter : on lave d'abord la tache à l'eau tiède, puis on trempe un pinceau dans la solution indiquée et l'on touche à plusieurs reprises la tache, de manière à bien l'humecter ; cette opération se renouvelle plusieurs fois dans la journée, en ayant soin toutefois d'y laisser sécher le liquide. Au bout de quelques jours, la tache a blanchi, l'épiderme est tombé en poussière et la peau se trouve ramenée à son état naturel.

Sachet aromatique pour bain.

Les personnes qui, pour éviter les embarras de la préparation d'un bain à domicile, ont l'habitude de fréquenter les bains publics, peuvent aromatiser l'eau de leur bain de la manière suivante :

Remplissez un sachet de toile claire avec muscades et clous de girofle concassés, écorce d'orange, feuilles de roses et violettes desséchées, menthe, serpolet, lavande, laurier, poudre d'iris de Florence et anis broyé.

On jette ce sachet dans la baignoire au moment où on la remplit ; on a soin d'agiter l'eau et de malaxer le sachet ; après quelques minutes, le bain a acquis les propriétés aromatiques.

Bain pour nettoyer et adoucir la peau.

Prenez deux livres d'orge mondée, une livre de riz, huit livres de son, dix poignées de bourrache, six poignées de fleurs de bouillon blanc, autant de fleurs de mauve et une demi-livre de graine de lin ; faites bouillir le tout dans une quantité suffisante d'eau de rivière. Préparez avec cette décoction un bain dans lequel vous resterez au moins une heure. Après ce temps vous en sortirez avec la peau fraîche, douce et satinée.

Eau dentifrice servant à parfumer l'haleine.

Cannelle, 60 grammes.
Girofle, 25 grammes.
Écorces fraîches de citron, 50 grammes.
Roses rouges sèches, 30 grammes.
Cochléaria, 250 grammes.
Alcool, deux litres.

On concasse la cannelle et les girofles ; on coupe

les roses et les écorces de citron ; on écrase le cochléaria ; puis on fait macérer le tout pendant vingt-quatre heures dans l'alcool : après ce temps, on distille au bain-marie.

Pâte suave réputée infaillible pour assouplir la peau et rafraîchir le teint.

Fraises venant d'être cueillies,   125 gram.
Gomme adragante,   0,5 décig.
Poudre de violette,   0,5 —

Écrasez les fraises, mélangez et délayez le tout dans une quantité suffisante d'eau de rose ou de fleurs d'oranger, de manière à former une pâte demi-liquide que vous appliquez sur le visage avant de vous coucher. Le lendemain matin, lavez-vous à l'eau tiède. Trois enduits semblables répétés trois jours de suite enlèvent le hâle et les ardeurs de la peau.

Procédé pour noircir les cheveux sans danger pour la santé.

Les substances végétales suivantes, cuites dans du vin ou de l'eau, noircissent plus ou moins les cheveux par des lotions répétées plusieurs fois le jour.

Les feuilles de viorne, de sumac, d'artichaut, de mûrier, de figuier ; les écorces de saule, de noyer, de grenade ; les racines d'yeuse et de câprier ; les baies de myrte, de lierre et de sureau ; les brous de noix ; les noix de galle et de cyprès ; les semences de nielle et de betterave ; les fleurs de pavots, etc.

Avant de se servir de la décoction de ces diverses substances, il faut laver les cheveux avec une légère eau de lessive dans laquelle on a fait dissoudre un peu d'alun ; cette lotion prépare les cheveux à recevoir et à retenir la couleur. On trempe ensuite une éponge dans la décoction, et on la promène régulièrement sur toute la chevelure jusqu'à entière pénétration. Au bout d'un certain temps, lorsque les cheveux sont secs, on se sert d'un peigne de plomb pour hâter le succès de l'opération.

Cette manière de teindre les cheveux est exempte de tout inconvénient ; c'est la seule que la prudence puisse conseiller.

Cold-cream.

Voici une recette facile pour faire soi-même cet excellent cosmétique.

Faites fondre sur un feu doux, dans un pot neuf de terre vernissée, 10 grammes de cire blanche et 10 grammes de blanc de baleine récent : ajoutez, en tournant, 50 grammes d'huile d'amandes douces.

Pour parfumer votre cold-cream, mêlez à cette composition dix à douze gouttes d'une essence à votre choix.

Eau pour lustrer les cheveux.

Faites fondre dans 225 grammes d'eau, 6 grammes de gomme adragante ; ajoutez-y 90 grammes d'alcool à 36° et 10 à 12 gouttes de l'essence que vous préférerez.

Au bout de 24 heures, passez ce mélange dans un linge fin et conservez-le dans des flacons bien bouchés. Lorsque vous voudrez vous en servir, vous en imbiberez une petite éponge fine, et après être coiffée sur vos bandeaux, vous passerez la petite éponge; cette opération les rendra très-brillants, tout en fixant les petits cheveux trop sujets à s'ébouriffer. Le soir il sera bon, en vous décoiffant, de passer une brosse humide sur vos bandeaux pour rendre aux cheveux leur souplesse primitive.

9.

ARRANGEMENT D'UNE MAISON DE CAMPAGNE

Supposons que vous venez d'acheter ou de louer pour un temps un peu long une maison de campagne, et voyons comment nous pourrons l'arranger ensemble, pour qu'elle soit élégante, confortable et qu'elle ne dépasse pas, cependant, les faibles ressources d'un modeste budget.

Avant tout, je veux rappeler ici que mes conseils s'adressent aux femmes qui n'ont qu'une fortune médiocre et beaucoup d'économie, mais dont le désir est d'orner, d'embellir leur logis à peu de frais, de faire en un mot beaucoup de choses avec très-peu d'argent. Je ne m'occupe pas de celles à qui leur fortune permet d'appeler un tapissier au moindre caprice ; cela simplifie beaucoup les choses, j'en conviens, mais par contre augmente prodigieusement les dépenses; ce que mes conseils cherchent par-dessus tout à vous faire éviter.

Ceci bien compris, occupons-nous maintenant de notre maison de campagne :

Les maisons de campagne n'étant pas ordinairement habitées durant l'hiver, contiennent une certaine humidité qui est très-contraire aux papiers de tenture ; aussi vous conseillerai-je d'en faire poser de très-bon marché. Il y en a de 40 et 50 centimes le rouleau, et d'un joli vert sur vert, qui fait très-bon effet. Mais il y a mieux encore ; c'est de ne pas poser de papier du tout et de couvrir ses murs soit de toile perse, soit d'indienne qu'on enlève quand on s'en va.

L'indienne à mille raies roses ou lilas fait très-bon effet, et j'ai vu une délicieuse villa dont toutes les pièces étaient tendues avec des mille raies roses à ornées de galons verts : rideaux, portières, housses, dessus de cheminée, etc., le tout pareil, ce qui était du plus charmant effet qu'on puisse imaginer.

Je sais bien que, dans le premier moment, la toile perse et l'indienne vous coûteront beaucoup plus cher que du papier ; mais si vous comptez le collage et le remplacement fréquent de ce même papier, vous verrez qu'en fin de compte la toile et l'indienne auront moins coûté et vous auront fait bien plus d'honneur.

Tenons-nous en donc à ces étoffes et commençons notre arrangement.

Mais avant tout je dois vous dire encore de prendre votre toile ou votre indienne en gros pour payer moitié moins cher qu'au détail.

Supposons que votre maison se compose, pour appartement de maître : d'un vestibule, d'une salle à manger, d'une salle de billard, d'un salon, de 2 chambres à coucher et d'une salle de bains; puis ensuite de chambres d'enfants et d'amis.

Vous tendrez les murs du vestibule avec de la toile perse imitant le coutil rouge ou bleu, à votre goût.

Cette opération s'exécute ainsi qu'il suit :

Vous coupez les lés de la hauteur entière de la pièce; vous les cousez entre eux ; vous y faites un petit ourlet en haut et en bas ; puis en haut et en bas du mur vous clouez de petits clous à crochet, vous fixez à votre étoffe de très-petits anneaux et vous accrochez les anneaux à ces clous.

Pour maintenir votre toile, qui sans cela jouerait sur le mur, vous vous procurez des tringles en bois bien arrondies, auxquelles, avec un peu de vernis coloré soit en jaune, soit en rouge, vous avez donné la teinte du noyer ou de l'acajou, ou de l'ébène, suivant votre goût. Ces tringles sont percées de distance en distance, de façon que vous puissiez y faire entrer de grosses vis ; vous posez ces tringles au haut, au bas et dans les angles du mur, et cela sert non-seulement à soutenir votre toile, mais aussi à cacher les clous qui la tiennent ; puis vous mettez des rideaux et des portières en toile perse pareille.

Pour la salle à manger et pour la salle de billard, vous prenez de la toile à mille raies lilas. Vous l'ornez en haut et en bas d'un large galon de laine verte ; vous la posez comme l'autre, puis vous garnissez de même les fenêtres, les portes et les banquettes ; vous aurez ainsi des salles à manger et de billard très-fraîches et de très-bon goût.

Pour le salon, prenez de la toile perse de belle qualité avec de grands ramages de fleurs et de Chinois. Posez-la de même ; mettez les rideaux, les portières, les housses des fauteuils pareils, ainsi que le dessus de la cheminée et les rideaux de côté ; seulement vos tringles, au lieu d'être en bois ordinaire, doivent être en bois d'acajou : le bois doré est toujours de mauvais goût à la campagne.

Passons maintenant dans les chambres à coucher qui, habituellement, se font pareilles.

Admettons que ce soient de très-grandes pièces sans cabinet et sans alcôve, comme il y en a tant à la campagne. Pour éviter de faire construire tout cela, ce qui coûte très-cher, voici de quelle façon il faut vous y prendre afin d'obvier à cet inconvénient.

Si la chambre y est très-haute de plafond, vous ferez mettre à votre lit dans chaque angle, c'est-à-dire par 2 à chaque côté des pieds et autant à la tête, 4 bâtons de bois de noyer ou d'acajou de 5 à 7 pieds de hauteur au-dessus du bois de lit. Ces bâtons seront retenus entre eux dans le haut par une petite tringle de bois blanc ; du bâton du pied de la façade du lit jusqu'au mur de côté, ainsi que du bâton de la tête jusqu'au mur de l'autre côté, vous ferez continuer une tringle.

Votre lit, posé au milieu et adossé au mur du fond, se trouvera donc encadré.

Ceci fait, vous prenez de la toile perse semblable à celle que vous avez déjà posée sur le mur de votre chambre, vous l'attachez par lés de la hauteur de la tringle placée au haut des bâtons jusqu'au parquet.

Il faut trois lés pour les pieds, autant pour la tête.

Vous avez mis des petits clous à crochet à votre tringle en dedans du lit. Vos trois lés cousus, vous faites un ourlet dans le haut et dans le bas de votre toile ; dans celui du haut après lequel vous avez cousu de distance en distance des petits anneaux, vous passez un cordon, vous froncez à la longueur juste de votre tringle, vous l'arrêtez bien solidement à chaque bout, puis vous accrochez vos rideaux à l'endroit placé du côté du lit.

Vous coupez ensuite d'autres rideaux, plus ou moins larges suivant l'éloignement du mur, mais de la hauteur des autres, et vous les posez absolument comme ceux-ci, de façon à vous former deux cabinets de toilette ; l'un au pied, l'autre à la tête de votre lit.

Ceci fait, il vous reste deux tringles blanches. Vous taillez une bande de toile perse de 50 centimètres de hauteur, longue comme une fois et demie la longueur de votre lit, y compris vos deux cabinets de toilette, c'est-à-dire d'un mur à l'autre. Vous ourlez cette bande en haut et en bas, puis en laissant 3 centimètres pour la tête, vous y faites tout du long une coulisse ; vous y cousez à l'envers des petits anneaux, vous froncez votre ruban de la longueur juste d'un mur à l'autre et vous posez cette bande tout du long de la façade du lit et des deux cabinets de toilette, de manière à faire un volant à tête, ce qui produit un effet charmant ; puis vous placez un volant semblable à la tringle qui règne au fond du lit.

Vous garnissez de même avec des volants, vos rideaux de fenêtres, vos portières, vos housses de fauteuil, votre dessus de cheminée et votre toilette.

Mais, par exemple, si le plafond de votre chambre n'est pas trop élevé, il n'est point nécessaire de mettre des bâtons à votre lit et vous faites poser tout simplement les tringles après le plafond lui-même.

Quant à la salle de bain, vous l'arrangerez avec du basin blanc, ou même du calicot tout simplement parce que la vapeur de l'eau défraîchit la toile perse, et lui fait perdre son apprêt.

Vous comprendrez très-bien l'avantage du conseil que je viens de vous donner ; lorsqu'à l'entrée de l'hiver, au moment de retourner à la ville, vous décrocherez toutes vos toiles, vous dépasserez les cordons, vous les essuierez bien pour en ôter la poussière, vous les plierez et les mettrez dans une armoire, afin de les retrouver toutes neuves au printemps.

Ainsi soignée, une toile de 70 à 80 centimes le mètre peut vous durer 15 ou 20 ans sans avoir besoin d'être nettoyée.

Souvent encore, à la campagne, les murs des appartements du rez-de-chaussée sont couverts de boiseries peintes. En ce cas, il va sans dire que vous ne devez pas les couvrir de tenture ; pourtant, si elles vous paraissaient peu fraîches, ou que leur teinte grise vous semblât triste, il y a une façon de les orner qui est très-gracieuse.

Vous les faites laver d'abord avec une brosse très-dure trempée dans l'eau bouillante, additionnée d'un peu d'eau seconde, puis rincer avec une éponge imbibée d'eau froide.

Ceci fait et votre boiserie bien sèche, prenez des branches de lierre que vous détacherez d'un arbre ou d'un mur, les plus longues que vous pourrez trouver. Trempez-en la tige, à l'envers des feuilles bien entendu, dans de l'eau gommeuse assez forte, puis collez-la autour de vos panneaux de boiserie.

Ainsi posées, ces petites branches légères jouent parfaitement un encadrement en bronze travaillé.

Puis, pour le milieu de vos panneaux, vous découpez dans de la toile perse des fleurs, des boutons, des feuillages, et vous en formez de gracieux bouquets en les collant pièce à pièce, toujours après avoir eu le soin de les mouiller, par derrière avec de l'eau gommeuse très-épaisse.

On passe dessus ce lierre ou ces bouquets une petite couche de vernis; ce qui donne un brillant agréable et fait de votre ouvrage un véritable *trompe l'œil*.

Ces tiges de lierre servent encore à décorer les glaces, quand les encadrements sont tout simplement en bois gris ou en bois doré très-fané. Ce procédé est le même que pour les panneaux ; on humecte le lierre avec de l'eau gommeuse et on le fait serpenter au milieu du cadre, ce qui donne à celui-ci un petit air *objet d'art* tout-à-fait curieux, puisque vu de loin on dirait un feuillage de bronze se jouant à travers l'or.

Sur les cadres en bois gris on ajoute encore un petit perfectionnement. Quand les asperges sont montées, on cueille sur leurs tiges des petites graines rouges que l'on colle de distance en distance sur la guirlande de lierre.

Vous comprenez sans peine, Mesdames, que ces feuilles de lierre et ces graines d'asperges ne durent pas au-delà de la saison; mais ce sont de ces petits embellissements qu'une maîtresse de maison peut aisément renouveler chaque année; cela ne coûte rien et prend si peu de temps ! D'ailleurs, parer son logis n'est-ce pas une occupation agréable ?..

On peut aussi garnir les devants de cheminée d'une façon fort élégante, mais cette fois plus durable.

Si la cheminée n'est pas entièrement couverte par la toile perse, faites faire, par le menuisier, un chassis en bois s'adaptant exactement à l'intérieur de la cheminée. Vous tendrez sur ce chassis une toile verte, à l'aide de petits clous plantés tout autour, puis vous recouvrirez cette toile de petites feuilles vertes en papier; des feuilles de rosier, par exemple. Vous les collez par rangées, mais tout à l'entour et venant se rejoindre au milieu, sans maintenir entre elles une symétrie exacte, mais de façon que la toile ne puisse pas être aperçue; puis, de distance en distance, vous fixerez au milieu de ces feuilles, des fleurs, également en papier, assorties à ce feuillage. Ainsi avec des feuilles de rosier, vous mettez des roses, avec des feuilles de marguerite, des marguerites.

Pour fixer ces fleurs et ces feuillages sur le devant de cheminée que vous ornez ainsi, vous emploierez de la colle de pâte un peu épaisse ou de la gomme fondue dans de l'eau, mais également fort épaisse aussi.

Avec un peu d'adresse on peut encore faire de bien jolies choses pour remplacer des armoires, des bibliothèques et autres meubles de ce genre qui seraient fort chers à acheter si on voulait qu'ils fussent beaux.

Pour cela on fait faire tout simplement ces meubles en bois blanc, on y met dessus une couche de couleur d'un beau noir ; puis, quand cette couleur qu'on met à 2 ou 3 couches, suivant la postérité du bois, est sèche, on colle des petits chinois, des fleurs et des oiseaux découpés dans ces papiers qui servaient, il y a quelques années, à faire de la potichomanie. Ces petites choses, qui doivent être comme jetées au vol, se collent avec de l'eau gommée fort épaisse. Quand cette décoration est sèche, on passe dessus du vernis blanc et votre meuble joue à merveille le vieux laqué de chine.

On peut faire de même des vieux cadres de glace et une foule d'autres choses.

Ces meubles se complètent en clouant dessus du velours de laine ou de la tapisserie retenus à l'aide de clous dorés.

On a raison de dire que les meubles les plus simples sont assez bons pour la campagne ; mais, par simples, il ne faut jamais entendre fanés. Aussi les fauteuils tachés ou passés ne doivent jamais se montrer chez une femme comme il faut. On les cache sous des housses, car il faut que tout soit frais sur elle et autour d'elle.

Maintenant occupons-nous de tous les petits arrangements nécessaires pour les chambres d'enfants et pour les chambres d'amis ; car, lorsqu'on reçoit des étrangers chez soi, il faut les bien traiter pour qu'ils soient contents ; or, les domestiques, quelque adroits et intelligents qu'ils puissent être, manquent toujours d'un certain goût et d'un certain tact qui donnent non-seulement à la maison de la coquetterie et de l'élégance, mais encore à l'hospitalité un charme qu'une maîtresse de maison entendue possède seule.

L'œil du maître est bon toujours, mais c'est surtout dans le confort du chez-soi qu'il est nécessaire.

En arrivant, voyons d'abord si les papiers sont frais : s'ils ne le sont pas, exécutons-nous de suite et garnissons les pièces du haut comme les pièces du bas, relativement à la façon. Seulement, au lieu de toile perse qui coûte plus cher, achetez de l'indienne à aussi bas prix que possible, et qui fait aussi fort bien tout en étant plus économique encore !

Il faut ensuite peu de chose pour garnir ces chambres. Vous surmonterez le lit d'un anneau, dans lequel vous mettrez un rideau pareil à la tenture; ceux des fenêtres, le couvre-pieds, les portières, même les housses de fauteuils, tout doit être semblable, et vous verrez combien cela fait bon effet !

Aux meubles indispensables tels que lit, commode ou armoire, etc., joignez une petite toilette, dite duchesse, que vous arrangerez facilement vous-même et qui achèvera de donner un aspect très-élégant à vos appartements. Voici comment il faut vous y prendre :

Ayez une petite table très-commune en bois blanc, vous en couvrirez le dessus avec de la percaline rose, ou bleue, ou jaune, à votre goût, pourvu toutefois que la nuance soit appropriée à celle de l'indienne qui garnit la chambre ; vous tendez bien cette percaline, et vous l'attachez à la table avec des petits clous d'épingle ; vous taillez ensuite un morceau de la même percaline, de la hauteur de la table et assez large pour en faire le tour, puis vous la clouez comme vous avez fait du dessus.

Vous prenez ensuite de la mousseline, vous en coupez un morceau bien pareil au dessus de la table, et vous cousez tout autour en fronçant un autre morceau de la même hauteur mais double de la largeur du dessous en percaline ; puis vous passez cela sur votre table comme une housse en ayant soin de l'assujettir de loin en loin à la doublure, afin que la mousseline ne glisse pas.

Pour que toutes vos coutures soient cachées, il

faut orner ces toilettes de grands volants pareils ; alors on peut faufiler dessous sans que cela s'aperçoive.

Prenez préférablement de la mousseline brochée : il y en a à soixante ou à soixante-quinze centimes le mètre qui fait très-bon effet.

Si vous voulez rendre votre toilette plus élégante encore, festonnez-en les volants, soit en blanc, soit de la même couleur que la percaline qui fait doublure.

Une fois ce petit meuble arrangé ainsi, surmontez-le d'un miroir et de ce qui est nécessaire à la toilette.

Pour les chambres qui n'auraient pas de grandes glaces, voici comment il faut encadrer les miroirs pour leur donner de l'élégance et vous évitez une dépense considérable.

Vous appliquez sur une glace nue un cadre plat en bois ordinaire, large de vingt centimètres environ, qui devra se trouver entièrement caché. La forme ovale est la plus gracieuse. Vous placez sur ce cadre un carton coupé de même forme ; vous clouez avec soin, tout autour de la glace, au ras du cadre de bois, le bord intérieur de l'ovale en carton : quant au bord extérieur, vous le laissez déborder tout autour de six centimètres environ ; vous entaillez ce carton de quatre en quatre centimètres à peu près, tout autour du bord extérieur ; les entailles peuvent avoir trois à quatre centimètres de profondeur ; vous pratiquez sur les morceaux entaillés des trous dans lesquels vous passez un ruban, ce qui permet en le tendant d'en resserrer le bord, de façon que l'encadrement extérieur de carton se trouve bombé en saillie.

Vous prenez ensuite une ou deux mains de papier glacé de couleur ; la quantité varie suivant la dimension de la glace : vous coupez ce papier en bandelettes larges de dix centimètres et de la longueur du papier, vous ployez ces bandes en deux, l'envers en dehors, et vous les tailladez avec des ciseaux, comme on le fait pour des bobêches en papier, ou, pour employer une expression vulgaire, mais peut-être plus intelligible, comme pour entourer un manche de gigot.

Quand toutes les bandes sont ainsi préparées, vous les prenez chacune séparément et vous les retournez de façon que l'endroit revienne en dehors et que les découpures forment des bourrelettes bouffantes le plus possible ; vous collez ensemble les deux bords unis de chaque bande. Une fois toutes les bandes préparées et collées, vous enduisez de colle le carton et vous commencez à appliquer le premier rang (lequel se place un peu sur la glace afin de dissimuler entièrement le bois du cadre dans le cas où le papier viendrait à s'écarter). Vous posez ces longues bandes les unes après les autres, en ayant soin de suivre parallèlement le tour de l'ovale.

Il ne faut commencer à poser le deuxième rang que lorsque le premier est terminé, car il arriverait, dans le cas contraire, que les bandes ne se trouveraient pas régulièrement mises.

Quand vous arrivez à la dernière rangée, vous posez le papier à cheval, c'est-à-dire que vous emboîtez le carton de façon qu'en regardant la glace de côté on ne puisse pas voir le cadre.

On peut ainsi au besoin grandir l'aspect d'une petite glace, puisque la largeur du cadre s'accroît à volonté; il ne s'agit que d'augmenter les rangées de papier suivant sa fantaisie.

Il faut avoir bien soin de ne pas mettre une grande distance entre chaque rangée ; on verrait alors le carton, ce qui serait fort laid.

Du reste, ce qui donne de la grâce à cet encadrement, aussi joli qu'élégant, c'est qu'il semble formé de petites bourrelettes de rubans découpés.

Quand on veut que la glace soit suspendue comme un tableau, c'est-à-dire retenue par des cordons, on la pose de façon qu'elle soit légèrement penchée du haut; on fixe à la partie supérieure du cadre de petites cordes qu'on enroule avec du papier découpé. Au point où les ficelles se réunissent, on place un chou qui se compose d'un petit morceau de carton découpé en rond, que l'on recouvre de papier découpé comme on a fait pour le cadre.

Le rose, le bleu et l'orange, sont les nuances de papier qui conviennent le mieux.

Mais pour des chambres dites *de garçon*, au lieu de la toilette duchesse vous pouvez mettre tout simplement une petite table recouverte d'une housse d'indienne pareille au reste de sa chambre, en posant dessus un petit miroir ou un chevalet qui puisse s'accrocher au besoin à la fenêtre, si on veut se faire la barbe, puis tout ce qu'il faut pour écrire.

Quand des étrangers habitent chez vous, ayez soin d'entretenir toujours les chambres qu'ils occupent, de sucre, de fleurs d'oranger, de bougie etc., enfin de ces mille riens qui font paraître la maîtresse de maison soigneuse, attentive et donnent infiniment de prix à la manière de recevoir.

Surveillez aussi vos domestiques pour qu'ils

soient remplis de soins et d'égards pour vos hôtes ; s'il en était autrement, ce n'est pas sur eux mais sur vous que retomberait tout le blâme.

Lorsque tout votre monde est arrivé, ne donnez pas les chambres au hasard, mais distribuez-les suivant le rang et l'âge. Du moment où vous recevez des étrangers chez vous, vous leur appartenez exclusivement ; ainsi, autant vous devez être réservée et silencieuse chez les autres, autant vous devez être prévenante, gaie et *boute-en-train*, si je peux me servir de cette expression, afin de rendre le séjour de votre maison agréable. Ce n'est jamais ce qui peut vous plaire et vous amuser que vous devez proposer comme promenade et partie de plaisir, mais ce qui peut plaire et amuser vos hôtes.

Aux repas vous devez, comme maîtresse de maison, faire les honneurs de la table. La place d'honneur est à votre droite ; elle doit être donnée aussi à la personne la plus élevée comme position ou la plus âgée de votre société ; celle de gauche vient ensuite. Ce sont les hommes que vous placez à côté de vous. Les femmes doivent être dans le même ordre auprès de votre mari ou votre fils. Assignez les autres places avec tact, c'est-à-dire assortissez les âges et les sympathies.

Lorsqu'après la promenade du soir on rentre au salon, préparez les tables de jeu et sachez au besoin faire un partner, pour ne pas laisser manquer une partie ; mais aussitôt que toute la *partie grave* de votre monde est occupée, — car c'est toujours par elle qu'il faut commencer, — voyez à distraire la jeunesse ; mettez-vous au piano pour jouer des contredanses ou pour accompagner les personnes qui chantent ; si la musique déplaît, proposez des petits jeux, des charades ou autre chose qui occupe en amusant.

Il est bon aussi d'avoir au milieu du salon une table avec des livres, des journaux, des albums, des gravures, des crayons, des ouvrages, afin que les personnes sérieuses que la danse fatigue ou que le jeu ennuie, puissent trouver le moyen d'occuper agréablement leur temps. Enfin, sachez rendre à la campagne comme à la ville votre maison commode, gaie, agréable à tous.

J'ai vu une assez jolie chose chez une dame de mes amies qui aime beaucoup les petites choses élégantes qui coûtent peu et je vous engage à l'essayer chez vous.

Ce sont des boules de verdure accrochées, soit au plafond si les appartements sont bas, soit aux lustres et aux candélabres s'ils sont élevés. Voici comment vous devez faire :

Prenez tout simplement un navet, le plus gros possible ; coupez le bout où est la barbe et creusez-le avec soin ; taillez-en les feuilles, puis passez en croix par-dessous un signet ou une faveur dont vous nouez les bouts ensemble ; lorsque ceci est fait, remplissez d'eau le navet et mettez dedans un ognon de jacinthe ou toute autre fleur, enfin vous accrochez la chose dans votre appartement sans vous en inquiéter d'avantage. Un beau jour les feuilles repoussent, en repoussant elles remontent et enveloppent entièrement le navet qu'elles cachent, puis de cette boule de verdure sort une jolie fleur dont on ignore la source, ce qui est charmant et très-coquet, je vous assure.

Voici encore quelques recettes diverses qui peuvent être d'une très-grande ressource à la campagne.

Matelas.

Les matelas ou sommiers faits avec la mousse ne sont pas assez connus ; ils peuvent cependant être faits à bon marché et sont d'une grande utilité pour les classes peu fortunées, ainsi que pour les petits lits volants si nécessaires dans une maison de campagne.

On les prépare de la manière suivante :

On récolte en août et en septembre, la mousse la plus douce et la plus longue, on la fait sécher à l'ombre et on la bat sur des claies pour en détacher toute la terre ; on en fait ensuite des sommiers qui peuvent être placés sous des matelas de laine, et qui peuvent même remplacer ceux-ci.

Les sommiers ou matelas de mousse battus de temps en temps avec des baguettes, après avoir été placés sur une claie sans être décousus, reprennent leur première élasticité et deviennent aussi doux que lorsqu'ils étaient neufs.

Une personne bien connue a fait préparer de ces matelas qui ont servi six ans sans qu'on eût besoin de changer la mousse. Les sommiers de mousse ne sont pas, dit-on, rongés par les souris et et ne peuvent servir de retraite aux puces ni aux punaises.

Sommiers de foin.

Les sommiers faits avec du foin sont d'une grande utilité ; le sommier de foin peut être substitué à la paillasse, il est plus facile à manier lorsqu'on fait le lit.

Paillasses faites avec la paille du maïs, dit blé de Turquie.

Les paillasses remplies avec la paille provenant de la dessiccation des feuilles ou robes qui enveloppent l'épi de maïs, sont préférables aux paillasses remplies avec le chaume du blé. En effet, ces paillasses, où l'on fait entrer de 8 à 10 livres de paille de maïs, peuvent durer 10 ans. La paille en est élastique, se redresse d'elle-même lorsqu'on la remue ; elle ne se coupe pas, ne se divise pas comme la paille ordinaire.

La seule précaution à prendre pour le bon entretien de ces paillasses, consiste à les vider une fois par an, à bien remuer la paille dans le jardin, au soleil ou dans une chambre sur un drap pour l'introduire de nouveau dans la paillasse.

Les paillasses faites avec la paille de maïs sont très-répandues dans le midi ; on en trouve quelques unes aussi à la campagne, mais seulement chez des personnes qui ayant habité le midi, savent en apprécier l'utilité.

Du fruitier.

Un bon fruitier est une chose fort importante à avoir à la campagne, et il est très-difficile de trouver un emplacement convenable pour lui.

Le meilleur est une cave ou un cellier bien sec,

à l'abri de la gelée, où on ne laisse pénétrer ni l'air extérieur ni le jour.

Une fois cet endroit adopté on en garnit le pourtour d'échelettes sur lesquelles on pose des planches de bois blancs munies d'un rebord saillant seulement de deux ou trois centimètres ; on plante des clous dans les murs au-dessus des dernières tablettes supérieures ; des fils de fer un peu forts, tendus sur ces clous, servent, la saison venue, à suspendre le raisin.

On pose les fruits sans les heurter sur les planches, à côté les uns des autres, ayant le soin de mettre ensemble chaque espèce ; les pommes sur la queue, les poires sur la tête. Celles qui ne peuvent se tenir ainsi doivent être couchées les unes à côté des autres.

Un fruitier doit être tenu toujours avec une grande propreté, car le mauvais air corrompt le fruit. On étend du sable sur la terre pour empêcher les évaporations d'humidité, ou bien on couvre le sol de paille ou de foin qu'on a le soin de renouveler de temps en temps.

C'est une mauvaise coutume que de ne pas ouvrir de temps en temps son fruitier surtout si les rayons du soleil peuvent y pénétrer.

Quand vient le moment d'y serrer le raisin, il faut d'abord éplucher ce fruit avec un très-grand soin, c'est-à-dire qu'on doit enlever les grains qui ne paraîtraient point parfaitement sains. Cela fait, on suspend les grappes au moyen de petits crochets en fil de fer, en forme de grand S, ce qui est infiniment plus commode et plus prompt que tous les autres moyens employés.

On suspend d'un côté du crochet la grappe sens dessus dessous avec la plus grande facilité et de l'autre on l'accroche au fil de fer tendu.

Il est aussi facile de décrocher la grappe que de la suspendre, ce qui économise beaucoup de temps et préserve le fruit qu'on ne gâte pas en le touchant.

On peut aussi conserver de la même façon du raisin dans un grenier, si on n'a pas de fruitier, mais il faut le surveiller davantage.

On garde encore très-bien ce fruit dans une armoire bien close quand on le pose avec beaucoup de précaution sur les planches, en ayant le soin d'éviter que les grappes se touchent ; le raisin s'y conserve même fort tard, mais il ne faut ouvrir l'armoire que le plus rarement possible ;

Les autres fruits se conservent également bien de cette manière, mais il vaut mieux les mettre sur la planche même que sur du linge, qui hâterait la maturité et disposerait le fruit à pourrir.

Si l'on avait une trop grande quantité de pommes pour les placer toutes sur le plancher du fruitier, on pourrait entasser les plus communes par terre, sous les échelettes ; seulement il faudrait les poser sur des planches, et non sur de la paille, qui donne un mauvais goût au fruit.

Il est nécessaire que la maîtresse de la maison visite souvent son fruitier ou qu'elle confie ce soin à une personne très-soigneuse car la plus petite tache à un fruit suffit pour gâter ceux qui seraient en contact avec lui.

En visitant souvent ses fruits, une femme d'ordre évitera non-seulement cette fatale contagion, mais encore elle pourra faire consommer ceux qui ne seront que légèrement atteints ; puis elle jugera mieux que toute autre quels fruits doivent être mangés les premiers.

Nous ferons observer toutefois qu'aucun fruit n'étant éternel, ils finissent tous par se gâter, on n'en mangerait donc pas un seul bon, si l'on se faisait une règle de ne servir à table que les fruits tachés.

Le fruitier devra être fermé à clef. Les fruits tentent beaucoup et il ne semble pas que ce soit faire un tort réel à la maison que d'en détourner quelques-uns. Mais aussi chaque fois qu'il y aura abondance de fruits, tout le monde, dans le ménage, devra prendre part à la distribution ; les domestiques, gens de campagne, sont avides de fruits ; les en priver, c'est les exposer à des tentations difficiles à vaincre, d'autant que lorsque les fruits sont distribués avec ordre et économie, il est rare qu'il n'y ait pas de quoi satisfaire à peu près tout le monde, quand on a un jardin bien planté et bien tenu.

Certains fruits aussi mûrissent tous à la fois; quelques espèces de poires mollissent tout à coup : en visitant souvent le fruitier, on peut éviter de perdre ces fruits qui feraient plaisir aux domestiques qui, naturellement enclins à faire des suppositions fâcheuses et souvent fausses sur la générosité de leurs maîtres attribueraient à un sentiment de parcimonie ce qui n'est souvent que le simple effet de la négligence.

Emballage des fruits pour le transport.

L'emballage des fruits, soit pour les envoyer au marché, soit pour faire participer quelques amis à l'abondance de sa récolte, n'est pas une chose aussi facile qu'on pourrait le penser. Il ne suffit pas d'entasser des fruits dans des paniers et de les expédier ; il faut qu'ils arrivent à bon port aussi frais que s'ils n'avaient pas voyagé.

Les cerises s'emballent dans des rameaux garnis de feuillage : ceux du châtaignier sont les plus usités ; on en garnit le fond et les bords du panier ; les cerises sont placées avec précaution sur ce lit de feuilles. Lorsque le panier est à moitié plein, on insinue sous les feuilles qui en garnissent le pourtour de petites branches garnies de leur feuillage et qui dépassent de beaucoup les bords du panier. On achève de le remplir de cerises au-delà des bords, à chaque extrémité, en laissant un creux au-dessous de l'anse ; on arrange les cerises à la surface, une à une, à côté les unes des autres, sans laisser voir une queue ; puis on replie les feuillages sur les cerises, en les faisant passer sous l'anse et en les contenant à mesure qu'on les replie : on *bague* le tout avec de la ficelle au moyen d'une aiguille à *baguer*, ce qui forme un laçage qu'on serre à volonté, pour que les cerises, parfaitement contenues dans leur prison de verdure, ne puissent plus bouger, même par les secousses répétées d'une charrette. Lorsque cet emballage est bien fait, les cerises arrivent aussi fraîches, aussi intactes qu'elles l'étaient au moment du départ.

Les groseilles s'emballent de la même manière.

Les prunes, qui doivent conserver leur fleur, s'emballent dans des orties ou de la fougère ; les orties sont préférables ; c'est le seul moyen de leur conserver toute leur fraîcheur. On les range comme je j'ai dit pour les cerises ; les orties remplacent le feuillage de châtaignier ; il faut toujours serrer fortement la ficelle employée pour *baguer*.

Ce qu'il y a de plus important toutes les fois qu'on emballe quoi que ce soit, c'est que les objets emballés ne puissent éprouver aucun mouvement : lorsqu'on serre les fruits doucement, sans secousse, il n'y a aucun inconvénient à ce qu'ils soient assez fortement comprimés.

L'emballage de l'abricot se fait comme celui de la pêche ; cependant on peut en mettre une plus grande quantité dans un panier et se contenter de séparer chaque couche de fruits par des feuilles, s'ils ne sont pas assez gros pour être placés chacun séparément, enveloppé dans une feuille de vigne. On ne leur fait pas dépasser le bord du panier, comme je l'ai dit pour les cerises et les groseilles. Ces fruits sont trop gros, il serait difficile de les ranger ainsi. On les élève, au contraire, en forme de dôme, ne laissant sous l'anse du panier que tout juste la place de passer les doigts.

Le raisin s'emballe dans de la fougère sèche ; les paniers de raisin qui viennent de Fontainebleau à Paris par la Seine sont des chefs-d'œuvre d'emballage. Ces belles grappes dorées sont cachées dans un lit épais de fougère, où elles sont si bien disposées qu'on pourrait jeter le panier à terre sans qu'elles en fussent endommagées. Il semble que les grappes soient posées dans un nid. On emballera donc le raisin dans une couche très-épaisse de fougère sèche ; le raisin ne doit pas occuper plus du tiers de la capacité du panier ; avant de l'y renfermer, on aura soigneusement épluché les grappes, en supprimant non-seulement les grains qui ne sont pas parfaitement sains, mais encore tous les petits grains et les bouts de queues inutiles. Les paniers seront bagués fort serré.

S'il s'agit d'expédier du chasselas ou autre raisin de table à une grande distance, il faut l'emballer dans du son bien sec dégagé de toute farine, et l'enfermer dans une boîte. On dépose les grappes les unes à côté des autres, sur une première couche de son, puis on ajoute du son jusqu'à ce que tous les grains soient recouverts ; on met une seconde couche de raisin et ainsi de suite, en terminant par une épaisse couche de son. Il faut que le couvercle serre assez fort pour qu'en le fermant le raisin soit un peu comprimé.

Le raisin ainsi emballé peut faire mille kilomètres et arriver aussi frais que s'il venait d'être cueilli.

Les poires d'été s'emballent dans des feuilles de vigne, chaque poire séparément. On recouvre le panier avec des branchages dont on enfonce les petites tiges, comme je l'ai déjà dit, entre les feuilles qui garnissent le tour du panier. On rabat ces petites branches et l'on bague par dessus.

Les poires d'hiver et les pommes, lorsqu'elles sont belles, s'enveloppent dans du papier gris épais ; les paniers sont garnis de fougère. Pour les expédier fort loin, il faut les mettre dans une caisse ou dans un petit baril de bois blanc, et les ranger par couches d'un seul rang, bien serrées près les unes des autres, en forçant un peu pour mettre la dernière qui sert comme de clef à la rangée. Quand le baril se trouve plein, on place une couche de foin bien sec, par dessus on remet le couvercle; il faut qu'il ait peine à fermer. Les fruits, se trouvant ainsi comprimés sans être meurtris, peuvent voyager en sûreté.

Les pommes d'api s'emballent dans la mousse.

Les fraises et les framboises ne peuvent guère se transporter que dans un panier porté à la main. Dans le Midi, pourtant, et en Belgique, ces fruits se transportent dans des pots de grès faits exprès.

ARRANGEMENT D'UNE MAISON DE CAMPAGNE

QUAND ON LA QUITTE POUR UNE LONGUE ABSENCE

La première chose qu'il faut faire c'est de détendre toute la toile perse, l'indienne, ou l'étoffe quelle qu'elle soit qui était attachée sur les murs ; de la bien essuyer pour enlever toute la poussière qui s'était attachée à elle ; de la plier avec soin ; de l'envelopper dans de grands linges ou de grands papiers et de la mettre ensuite dans une armoire.

On fera de même pour les rideaux, les portières, etc. ; l'armoire dans laquelle ces choses seront placées ne doit pas être adhérente au mur, en raison de l'humidité qui toujours en sort durant la mauvaise saison.

Quant aux dessus de cheminées, de table, et de toutes choses adhérentes, on les étale sur les matelats des lits ; les tables les jambes en l'air, les dessus de cheminées posant du côté de l'étoffe, afin que l'envers de ces étoffes seules soient en contact avec l'air qui pourrait leur nuire et à l'abri de la poussière qui pourrait y tomber.

On décroche les tableaux et on les met en tas dans un coin, ayant soin que le mur contre lequel on les appuie soit une séparation d'appartement et non un mur dont l'autre coté est frappé par l'air extérieur.

On éloigne aussi les meubles des murs pour les réunir au milieu de la pièce; mais cela ne se fait qu'après avoir parfaitement balayé, car si on laisse la maison sale tout ce qu'on y laisse en souffre.

On laisse les pendules sur le marbre des cheminées : si elles sont sous globe il n'y a rien a faire; si elles ne le sont pas, il faut les bien envelopper de morceaux de laine, ce qui est bien préférable à la toile; mais les mettre dans des armoires peut leur nuire en raison de l'humidité qui souvent s'y glisserait après elles.

Les vases, flambeaux, statuettes et autres objets décoratifs doivent au contraire; s'y mettre après avoir eu le soin d'enlever la poussière qui peut s'y trouver et de les bien envelopper de papier.

On ne laisse jamais son argenterie à la campagne: mais beaucoup de personnes ont du ruolz dont elles ne se servent que l'été, n'osant pas exposer une argenterie de prix à courir les champs. Ce ruolz doit être très-bien nettoyé avec du blanc d'Espagne, enveloppé de papier de soie et serré dans une armoire non humide ; à ces conditions là, on retrouvera toutes ces choses aussi belles qu'on les a laissées.

La batterie de cuisine qu'on laisse à la campagne doit être décrochée des murs et mise en tas au milieu de la pièce, sur du foin, et recouverte de foin également.

S'il n'y a personne d'attaché à cette maison comme gardien ou jardinier ; en un mot, si personne ne doit y donner de l'air de temps en temps, il faut non-seulement fermer les persiennes, les volets et les fenêtres, mais encore on doit calfeutrer les fenêtres afin que l'air extérieur ne puisse y pénétrer.

Voici comment on calfeutre.

On coupe des bandes de papiers larges de trois doigts, on les mouille avec de la colle de pâte, puis on les pose sur toutes les fentes des fenêtres.

Si les cheminées n'ont pas de trappes ou de devants bien adhérents, il faut les boucher très-hermétiquement avec de la paille ou du foin.

Quand il y a dans la cour ou dans le jardin un réservoir de zinc pour recueillir les eaux pluviales, il faut, avant de s'en aller, en enlever le robinet, parce que si la gelée venait pendant qu'il est plein, elle ferait éclater le zinc et votre réservoir serait perdu.

Il faut rentrer les chaises, les petits bancs et les tables de jardin qui sont en bois rustique ; mais avant on doit les bien brosser pour enlever toute la terre qui a pu s'y attacher, puis on les frotte avec un chiffon mouillé d'un peu d'huile de lin, ce qui conserve leur verni et les préserve des atteintes de l'humidité.

Il y a aussi un moyen pour empêcher la moisissure que produit toujours l'humidité ; et ce moyen, qui est fort simple, je vous conseille de l'employer.

Moyen d'empêcher la moisissure.

Quand vient l'hiver, les gens du monde quittent la campagne et rentrent dans leurs chauds et bons appartements des villes. La maison des champs, château ou villa, est abandonnée, et durant de longs mois exposée à une humidité malsaine et ruineuse. Rien de triste comme l'aspect de certaines de ces maisons au retour du printemps; la moisissure ronge les meubles et les murs, le papier se détache en loques humides, une poussière blanchâtre altère les tissus, les boiseries se gonflent et se déjettent, triste image de solitude et de mort. Il faut tout renouveler, sauf à recommencer l'année suivante.

Il y a pourtant un moyen bien simple d'empêcher tout cela. La cause de ces moisissures qui gâtent tout est la vapeur d'eau que contient l'air et qui possède des propriétés dissolvantes. Il suffit donc de dessécher l'air. Pour cela, vous fermez d'abord hermétiquement les portes et les fenêtres, en y collant des bandes de papier; ensuite vous placez au milieu de l'appartement un vase plein de chlorure de calcium, et vous mettez ce vase dans un autre plus grand pour recevoir l'eau qui tombera du premier.

Le chlorure de calcium, bien desséché préalablement, a une telle affinité pour l'eau, qu'il absorbera toute l'humidité que renferme l'appartement, de sorte qu'il ne restera plus qu'un air parfaitement sec, dans lequel papiers, meubles, livres, boiseries, etc., se conserveront sans la moindre altération : la siccité de l'air sera telle, qu'au printemps, on aurait peine à le respirer, si l'on ne s'empressait d'ouvrir les fenêtres.

DES SOINS A DONNER AUX MALADES

« Ce qu'il y a de plus dangereux dans une maladie, c'est la personne qui soigne le malade », disait un de nos grands docteurs, et il avait parfaitement raison en parlant ainsi, car on ne saurait croire combien de soins mal entendus ont amené la mort, là où la santé pouvait très-bien revenir si le malade eut été sagement conduit.

Beaucoup de personnes s'imaginent avoir parfaitement rempli leur devoir de bonne garde-malade quand elles ont donné au patient quelques tasses de tisane, quelques cuillerées de potion, quelques pilules, le tout prescrit par le médecin; mais sans s'inquiéter le moins du monde s'il faut changer de temps en temps l'air que le malade respire, quel est le régime alimentaire qu'on doit lui faire suivre, s'il peut manger, des soins de propreté qui lui sont indispensables, du repos de corps et d'esprit dont il a si grand besoin. Quelquefois même, au lieu de suivre les prescriptions du docteur, relativement à la diète qu'il ordonne, on donne des aliments, du vin même, malgré la défense expresse qui en a été faite, sous prétexte que la diète abat et qu'un peu de vin donne des forces ; puis on tient la chambre absolument close; on ne renouvelle pas le linge ni de corps ni de lit du malade dans la crainte de lui faire prendre froid : ce sont là des soins malheureux qui conduisent les pauvres patients, soit à une maladie bien plus longue qu'elle ne devait l'être, soit à une fin funeste.

A Paris, et même dans certaines grandes villes de province, il y a des établissements et de bonnes sœurs pour soigner les malades: à celles-là, je n'ai rien à apprendre, bien au contraire ; mais dans les petites villes, à la campagne surtout, les familles sont privées de cette précieuse ressource ; c'est aux femmes qu'il appartient de remplacer ces filles de la charité, et c'est pour elles que je crois mes conseils utiles dans la pratique, car les malades seraient bien heureux de n'être entourés que de personnes éclairées, intelligentes et zélées, capables en un mot, d'assurer et de seconder l'exécution de ce qu'a prescrit le médecin.

Hélas! au lieu de cela, qu'ont-ils le plus souvent?

Des parents remplis de tendresse et de très-bonnes intentions sans doute, mais dépourvus de connaissances en médecine, n'ayant aucune fermeté de caractère, qui cèdent à toutes les volontés et même à toutes les fantaisies du malade sans se rendre compte du mal qui peut en résulter, qui n'osent pas employer les remèdes prescrits, si ces remèdes peuvent causer du dégoût ou de la douleur au cher patient qu'elles soignent avec un zèle bien mal entendu.

Propreté parfaite, grande discrétion, sobriété de paroles, complaisance mêlée de fermeté, intelligence placée dans l'exactitude complète à exécuter les ordonnances du docteur et à lui rendre un compte parfait de ce qui s'est passé pendant son absence ; telles sont les qualités requises pour bien soigner un malade.

Il ne faut jamais entourer un malade de ce luxe de soins qui lui est toujours plus nuisible qu'utile. Ainsi en partageant seulement le service qui est nécessaire auprès de lui, avec, soit une sœur, soit une autre garde-malade de la famille, on peut rendre ce service léger pour toutes deux, car, quelques heures de veille se sentent à peine, tandis qu'une seule personne qui passerait sans désemparer plusieurs nuits, deviendrait tellement brisée de corps et d'âme qu'elle perdrait complétement les forces et la présence d'esprit qui lui sont indispensables pour pouvoir bien remplir sa tâche.

Il faut donc pouvoir se relayer chacune à son tour, d'autant que plusieurs personnes renfermées durant la nuit près d'un malade, absorbent une trop grande partie de l'air pur nécessaire au patient.

Un soin important qu'il ne faut pas négliger, c'est que l'air de la chambre soit pur, frais et fréquemment renouvelé, car l'air épais, chaud et chargé de vapeurs de toute espèce, dans lequel on ne tient que trop souvent de pauvres malades, leur est tout à fait nuisible et contribue puissamment à entretenir leur mal.

Pour éviter ce grand inconvénient, il faut, pendant les plus belles heures de la journée, ouvrir durant quelques instants la croisée et la porte pour remplacer l'air vicié par de l'air pur venant du dehors ; mais comme il faut avoir le plus grand soin d'écarter du malade les courants d'air qui pourraient lui faire beaucoup de mal, vous devez, durant toute cette opération, non-seulement bien fermer les rideaux du lit, mais encore entourer ce lit et ces rideaux d'un paravent qui les garantisse.

L'hiver, on tient la chambre dans une douce température : douze à quinze degrés Réaumur seulement sont permis ; davantage serait si nuisible au patient que le froid même deviendrait préférable.

Cette chaleur doit être donnée par un feu de bois allumé dans une cheminée : ni poêle, ni charbon de terre, ni coke, ne doivent être tolérés dans la chambre d'un malade.

Pendant l'été on ne doit être occupé, au contraire, qu'à bien rafraîchir la chambre d'un malade. On y parvient, durant le moment de la grande chaleur, en fermant les persiennes, les fenêtres et même les rideaux qui peuvent empêcher le jour d'entrer, et aussi en tenant dans la chambre des branches d'arbres pourvues de leur feuillage qu'on arrose de temps en temps avec de l'eau bien fraîche.

On doit avoir le plus grand soin qu'aucune odeur, même agréable, ne pénètre dans la chambre d'un malade : si légère que vous paraisse cette odeur, elle peut lui être très-nuisible, le système nerveux étant très-développé chez lui.

Lors donc qu'il entrera une odeur quelconque, chassez-la aussitôt, soit en renouvelant l'air, moyen qui seul réussit presque toujours, soit par des fumigations de chlore faites avec grands ménagements si cette odeur était persistante.

Quant à l'usage généralement adopté, qui consiste à brûler du papier, du vinaigre ou des graines de genièvre, il ne sert seulement qu'à masquer une odeur par une autre, mais ne détruit en rien les principes nuisibles qu'on lui a fait combattre.

Pour être une bonne garde-malade, il faut faire régner la plus scrupuleuse propreté sur sa personne. Ainsi l'on doit changer souvent de linge de corps afin de ne porter avec soi aucune odeur, se rincer rigoureusement la bouche non-seulement le matin après son réveil ou une nuit passée sans dormir, mais encore après chaque repas, car l'haleine imprégnée d'odeur de vin ou d'aliments serait insupportable au pauvre malade exposé directement à son souffle. Il faut aussi se laver les mains plusieurs fois par jour.

Mais toutes ces ablutions doivent se faire avec de l'eau pure, car un parfum qui dans un état de santé nous paraît léger et agréable pourrait, non-seulement être antipathique au malade, mais encore lui être très-contraire.

Une garde-malade sage, je l'ai déjà dit, doit être très-sobre de paroles : quand elle parle, il faut qu'elle le fasse bas, en adoucissant sa voix autant que possible, afin de ne pas produire une trop grande vibration dans l'oreille du patient; car ce qui vous paraît puéril et insignifiant, à vous qui êtes en bonne santé, peut avoir les plus graves conséquences avec l'état de surexcitation nerveuse dans laquelle se trouve nécessairement un malade. Aussi convient-il d'éviter même les moindres petits bruits, tel qu'un verre posé sans attention sur le marbre, une cuillère que l'on ferait résonner dans un vase, une chaise qu'on bouge, et encore mille autres choses moins faciles à éviter, telles que la toux, l'éternuement, etc.

Quand on voit le patient s'endormir, il faut garder une immobilité presque complète, car de ce sommeil réparateur devra naître le calme du sang, la diminution de la fièvre, en un mot, un grand soulagement. Mais si par malheur ce sommeil est interrompu, soit par un zèle mal entendu, consistant à vouloir relever les couvertures qui ont glissé, remettre la tête qui est mal placée sur l'oreiller, ou par un bruit qu'on n'a pas eu la prudence d'empêcher, on verra le pauvre malade être plus inquiet à son réveil qu'il ne l'était avant son sommeil; son poul aura repris une activité nouvelle, en un mot le patient sera plus souffrant; et ce sera à sa garde-malade, seule, qu'il devra ce surcroît de douleur.

— Il faut qu'une bonne garde-malade cherche à dissiper dans l'esprit de la personne qu'elle soigne toute l'inquiétude que pourrait lui suggérer sa position; car la frayeur qu'ils ont de mourir tue autant de malades que les médicamentations maladroites. Aussi la physionomie d'une garde-malade ne doit-elle jamais refléter l'inquiétude, elle doit au contraire se montrer toujours avec un sourire dans les yeux et sur les lèvres, sourire qui sera pour le patient la potion la plus calmante, puisqu'il lui apportera la sécurité et la confiance dont il a si grandement besoin et qu'il cherche autour de lui avec l'instinct inquisitorial de la peur.

Il est nécessaire que les médicaments prescrits soient donnés à heure fixe selon l'ordonnance et selon la dose voulue par elle : chercher à faire mieux que le docteur en changeant ou en variant quoique ce soit dans ses prescriptions est un tort dont les conséquences peuvent être irréparables.

Il faut que les mouvements d'une garde-malade soient très-doux et cependant forts en même temps, de façon que quand elle soulève le patient, celui-ci ait en elle la même confiance qu'un enfant a dans sa mère, afin qu'il s'en rapporte complétement à elle sans prendre la moindre inquiétude et sans chercher à faire des efforts qui pourraient lui être très-nuisibles.

Quand on soutient un malade, il faut prendre les plus grandes précautions, afin d'éviter toute secousse. Quand on aura à toucher son corps dans le lit, il faudra de préférence soulever les couvertures par les pieds pour éviter d'abord que l'air ne vienne frapper la poitrine du patient et pour ne pas promener les lourds tissus sur son pauvre corps endolori.

Si on doit changer le malade de lit, il faut que celui sur lequel on va le mettre soit à la même hauteur que celui qu'il va quitter. On approche alors ces deux lits l'un de l'autre, ayant eu le soin de faire d'abord chauffer le nouveau d'une bonne et douce température pour éviter l'impression du froid ; cette précaution prise, on glisse doucement le patient en soulevant adroitement les couvertures qui doivent le suivre, puis on le dépose sans secousse et sans le moindre inconvénient: avec ces précautions on peut, sans augmenter le danger, changer de lit même un mourant.

Si on a besoin de parler au malade, il faut s'approcher de son lit, se baisser vers lui et prononcer ce qu'on a à dire en peu de mots, d'une voix douce pour ne pas fatiguer son attention pour qu'il puisse répondre d'une manière laconique. Pour écouter cette réponse il faut se pencher vers lui, afin de saisir sa parole sans qu'il ait besoin d'élever sa voix ni de se retourner vers vous.

Si le patient qu'on soigne est pris d'un délire soit léger, soit complet, il ne faut jamais le contrarier ni chercher à lui montrer qu'il divague : même si dans ce délire il gardait assez de lucidité d'esprit pour avoir la conscience de sa divagation, au lieu de l'aider à la constatation pénible de ce fait en cherchant à lui redresser les idées, il faudrait au contraire suivre ces idées en lui répondant très-sobrement par oui ou par non prononcés à propos et sans jamais le contredire dans la crainte de l'irriter. La conduite que j'indique parvient très-souvent à calmer le malade et à faire tomber son délire.

Si le médecin a ordonné de mettre des compresses froides ou chaudes sur le corps du patient, il faut les placer adroitement et lestement, d'abord pour lui éviter l'impression toujours désagréable d'un grand froid ou d'une forte chaleur, ensuite pour éviter que ces compresses ne laissent égoutter leur liquide autour du malade et sur lui, car la sensation désagréable qu'il éprouverait pourrait lui être nuisible.

Si on applique un cataplasme ou un sinapisme, il faut qu'ils soient d'une chaleur modérée; et même les sinapismes faits à froid sont les meilleurs. On doit en outre étudier et suivre avec soin l'effet de ce remède pour pouvoir en rendre un compte très-exact au docteur, ces médicamentations pouvant être fort importantes en bien comme en mal.

Il ne faut pas surcharger un malade de couvertures et de vêtements chauds : une simple chemise avec une camisole de coton ou de flanelle et un bonnet léger suffisent ; le tout attaché seulement avec un cordon pour éviter qu'aucune ligature ne vienne le gêner.

Je sais que je combats ici un usage beaucoup trop répandu qui consiste à ensevelir un malade sous une foule d'édredons et de couvertures, pensant ramener chez lui une transpiration salutaire. Cette façon d'agir n'entretient que la fièvre.

Je conseille également d'ôter le lit de plume du lit sur lequel doit rester étendu un malade, ou tout au moins de mettre cette plume en dessous des autres matelas, parce qu'un lit un peu dur fatigue et échauffe moins promptement que ne le fait un coucher plus doux.

Pour les malades que l'on ne peut pas remuer, le meilleur lit à adopter est un de ces petits lits de fer garnis de sangles autour duquel on peut facilement tourner pour faire tout ce que le service du patient exige.

Pour les malades atteints de fractures, ou qui ont subi des opérations graves, on doit employer des lits mécaniques avec lesquels on peut soulever le malade sans qu'il éprouve aucune secousse. Mais si on ne peut pas se procurer un de ces lits mécaniques, un cadre mobile traversé par sept ou huit bandes de sangle, des poulies fixées au plancher et quatre cordes suffisent pour établir un appareil qui remplit les mêmes fonctions.

Les couvertures du lit d'un malade doivent être chaudes et légères.

Si le malade a froid aux pieds, il faut y rappeler la chaleur à l'aide de serviettes ou de flanelle chaude ou encore avec des fers et des briques chauffés, mais c'est un très-mauvais système que de se servir de boules ou de cruchons remplis d'eau bouillante à cause de l'humidité que tout naturellement ils évaporent, humidité qui n'est pas saine.

Quand on met des draps blancs, ou quand le malade est resté levé assez de temps pour que son lit soit complétement refroidi, il faut bassiner légèrement ce lit avant qu'il s'y remette ; mais il faut avoir le soin, avant d'entrer la bassinoire dans la chambre, que la vapeur de la braise soit complétement passée, car cette vapeur pourrait produire les plus douloureux effets sur les sens affaiblis du malade.

Un moyen de soulager et de beaucoup rafraîchir un malade est de le changer souvent de linge—avec la permission du docteur, bien entendu, — car les soins de la propreté la plus recherchée sont très-nécessaires à un malade. C'est cependant ce qu'on néglige trop souvent ! car, si on en excepte les personnes auxquelles les bains sont ordonnés comme faisant partie du traitement, il n'est pas rare de voir des malades rester, tout le temps qu'ils gardent le lit, sans être lavés ni des mains, ni de la figure, ni des dents, enfin sans être même peignés ; c'est un très-grand tort. Il faut, au contraire, demander au médecin la permission de laver chaque jour la figure et les mains du malade avec de l'eau tiède, de lui faire plusieurs fois dans la matinée rincer un peu la bouche avec de l'eau tiède également, puis de lui frotter légèrement les dents avec le coin d'une serviette afin de les débarrasser de ce limon pâteux qui les entoure et auquel est dû le mauvais goût et la mauvaise odeur que renferme toujours la bouche d'une personne malade.

La chambre d'un malade doit être éclairée convenablement ; le demi jour qu'on a l'habitude d'y faire régner est encore un préjugé qu'il importe de ne pas suivre, à moins toutefois que l'obscurité ne soit prescrite par le docteur ; dans le cas contraire, le jour réjouit le patient, tandis que l'obscurité l'isole et le conduit à la tristesse. Il faut qu'un malade se sente au milieu de la vie et non dans la tombe par avance. Pourtant, sans l'isoler, évitez de l'entretenir et de l'occuper soit de ses affaires, soit des intérêts matériels de la maison. Il suffit pour sa quiétude qu'il se sente associé passif à tout ce qui se fait autour de lui.

Ne laissez entrer que très-peu de visiteurs près de votre malade ; en prenant cette règle générale pour tout le monde, on ne peut fâcher personne. Mais les nouveaux venus fatiguent toujours le patient et l'inquiètent souvent.

N'écoutez pas non plus les conseils des uns et des autres pour faire changer soit de médecin, soit de traitement à votre malade. Le choix d'un docteur est chose grave, il ne faut pas le faire légèrement ; mais une fois fait, il faut se confier à lui, car les petites *tricheries* qu'on pourrait faire en adjoignant tel ou tel remède à ses prescriptions n'attrapent que le pauvre malade qui en est la victime.

La diète est le point capital dans le plus grand nombre des maladies, et c'est celui sur lequel se relâche le plus facilement une garde-malade ; aussi ne saurais-je trop répéter de quelle importance il est d'observer avec une scrupuleuse exactitude toutes les prescriptions du docteur à cet égard.

De même que quand le médecin permet les aliments et éloigne ses visites, pensant que son malade est entré en convalescence, c'est seulement à la prudence du régime alimentaire que le patient devra enfin son retour à la santé. Malheureusement beaucoup de personnes s'imaginent que c'est une nourriture solide qui doit rendre promptement les forces ; cela est une grave erreur ! Ainsi un bouillon de poulet ou un bouillon coupé qui se digèrent facilement font, par cela même, beaucoup plus de bien à un estomac affaibli qui les reçoit que ne pourraient ne faire une soupe ou une gelée de viande trop lourdes à digérer facilement et qui fatiguent alors l'estomac au lieu de le fortifier.

Quand on voit que les bouillons de poulets, ou coupés passent facilement, on peut leur donner plus de force ; mais cela peu à peu, et en ayant soin de bien observer le convalescent, car si on s'apercevait de quelque désordre dans son état, il faudrait revenir aux premiers aliments, quelquefois même à une diète sévère.

Une chose encore est mauvaise ; c'est de faire manger un convalescent à une heure trop avancée de la journée ; car toujours vers le soir, et cela jusqu'au retour parfait de la santé, il se fait sentir chez lui un petit mouvement de fièvre que le travail de la digestion augmenterait incontestablement.

Il faut aussi laisser s'écouler un temps raisonnable entre un repas et un autre. Car une seconde nourriture donnée trop tôt gênerait la digestion de la première, et une mauvaise digestion est très-dangereuse pour un convalescent.

Pour les convalescents comme pour les malades, une nourriture légère et rafraîchissante doit être seule choisie.

Une autre précaution fort importante doit se prendre encore. C'est d'éviter que la nourriture et les médicaments se rencontrent ensemble dans l'estomac, car l'effet des derniers serait annulé par la première qui alors deviendrait nuisible. Aussi ne faut-il jamais donner de médicaments plus tard qu'une heure avant le repas, et trois heures au moins après que la personne a fini de manger.

Une chose dont il faut aussi s'abstenir entièrement — à moins d'une prescription du médecin à ce sujet, — c'est de donner du vin pur à un malade, ou même à un convalescent. C'est malheureusement le contraire qu'on fait trop souvent, en choisissant même le vin le plus généreux qu'on peut se procurer, *pour restaurer le pauvre être affaibli* dit-on, soins mal entendus, qui au lieu de faire du bien, retardent la marche de la convalescence, quand ils ne produisent pas le retour de la maladie.

La boisson ordinaire la plus convenable pour les malades ou les convalescents est de l'eau pure légèrement gommée et sucrée, ou de l'eau dans laquelle on a mis infuser très-légèrement un peu de graine de lin et à laquelle on ajoute une très-petite quantité de vin vieux et de sucre.

On a toujours à se repentir d'avoir voulu forcer la nature chez un malade, soit par la nourriture, soit par toute autre chose. Il faut se borner quand on soigne un être souffrant, à observer et à seconder ses efforts en éloignant avec prudence tout ce qui serait capable de les gêner. Ainsi la transpiration doit être favorisée ; mais il est très-mauvais de chercher à la faire naître ou à l'accroître sans une ordonnance spéciale du médecin.

Il est bien entendu que nous généralisons ici ce dernier conseil, et qu'il est de certaines maladies, le choléra, par exemple, où il faudrait complétement passer outre.

Il ne faut pas fatiguer un malade en lui demandant à chaque instant comment il se trouve ? S'il souffre moins ? Questions maladroites qui ne sont propres qu'à lui rappeler sans cesse sa position pénible, sans aider à le soulager.

Si vous voyez que, malgré tous les soins et les efforts du médecin, la maladie s'aggrave ou reste longtemps stationnaire, il faut immédiatement demander à votre docteur d'appeler en consultation les princes de la science, dont la spécialité est le traitement de la maladie dont est justement atteint le patient que vous soignez.

Une chose fort importante aussi, si la position est réellement grave, c'est de savoir, sans inquiéter le malade et en s'y prenant avec la plus grande adresse, le conduire à mettre de l'ordre dans sa conscience et dans ses affaires.

Appeler un prêtre au dernier moment seulement, est prendre une bien terrible responsabilité devant Dieu ! Habituez donc le malade à entendre parler d'un des ecclésiastiques de votre paroisse ; amenez-le peu à peu à recevoir sa visite, d'abord sous le prétexte d'une quête, par exemple, ou sous tout autre de même nature; à ses premières visites, restez avec lui près du malade et recevez-le comme un visiteur ordinaire ; le bon Dieu fera le reste.

PETITE PHARMACIE DE MÉNAGE

Dans une maison bien ordonnée il doit toujours y avoir une petite pharmacie de ménage, sinon comme système économique, du moins comme mesure de prudence ; car alors on trouve des secours prompts à apporter aux maladies accidentelles en attendant l'arrivée du médecin ; mais comme ici l'économie est la base de notre ouvrage, nous allons donner quelques avis à cet égard.

Lorsqu'on achète des simples, pour les tisanes ou autres remèdes, il n'est que trop ordinaire, après en avoir employé quelques pincées ou poignées, de mettre le reste dans des tiroirs. Alors les cornets sans étiquettes, mal fermés, se mêlent, s'ouvrent ; les herbes, presque toujours de propriétés différentes, opposées, se confondent pêle-mêle ; de façon que lorsque arrive plus tard l'occasion de s'en servir de nouveau, on n'ose pas trier ces simples, dans la crainte de faire des erreurs ; de plus, on recule devant la perte de temps ; on court donc chez l'herboriste acheter des herbes qui bientôt auront le même sort.

La dépense est légère, dit-on ; d'accord, mais elle se répète ; et le fondement de l'économie domestique est d'éviter toute dépense inutile. Puis, en cas de maladie, où les frais sont si élevés, où il est impossible d'épargner sur le soulagement du malade, ne convient-il pas d'économiser tout ce qui se peut économiser ?

Il serait désirable d'avoir un petit meuble commun, à peu près comme un chiffonnier, et de mettre dans chaque tiroir, séparément, chaque simple, mais comme le nombre de leurs espèces dépasserait celui des tiroirs, car ils seraient vraisemblablement en petite quantité, ayez de petites boites en carton, du prix de deux à trois sous pièce, et mettez-y les diverses herbes ; chaque boîte portera une étiquette, de sorte que vous trouverez du premier coup d'œil les simples dont vous aurez besoin.

Il est bien d'acheter moins, mais il serait encore mieux de ne pas acheter du tout ; aux avantages d'économie se joindront bien d'autres avantages. Supposons que la maîtresse de maison ait le bonheur d'être mère, et que ses enfants soient jeunes encore : dans leurs promenades à la campagne, elle leur fera cueillir des guimauves, bourraches et autres herbes pectorales ; des centaurées, millefeuilles, bouillons blancs, violettes, orties blanches, pas d'âne, fumeterres, racines de patience, chicorées sauvages, pétales de roses, têtes de pavots, coquelicots, racines de fraisiers, d'oseille, feuilles d'absinthe, de sauge, de lierre terrestre et autres herbes médicinales. Tout en dirigeant cette occupation, qui les amusera beaucoup, elle leur en apprendra les noms, les propriétés ; elle leur en fera remarquer les caractères, les ressemblances, et leur inspirera le goût de la botanique, à laquelle elle les disposera en jouant. En leur apprenant à dessécher leur récolte, à séparer les espèces d'herbes, à les ranger convenablement, elle leur donnera le soin de l'ordre : que de germes précieux, sans compter le meilleur de tous, le désir de soulager les maux de ses semblables !

Une bonne maîtresse de maison prendra aussi toutes les précautions nécessaires pour prévenir les rhumes et leurs suites souvent fâcheuses, en établissant chez elle l'usage des chaussures de santé à semelles de liége ; mais elle n'en fera pas moins, à l'automne, une petite provision de remèdes sucrés contre les maux de poitrine, tels que pâtes de guimauve, de jujube, sirops de gomme, de capillaire, de lichen d'Islande, qui servent à sucrer les tisanes nécessaires, si le rhume défiait toute précautions.

Il devra y avoir aussi, dans la petite pharmacie domestique, beaucoup de racines de guimauve et de farine de lin qui forment des cataplasmes si précieux pour toutes les inflammations ; une boule de mars, d'acier ou de Nancy : ces noms se donnent à une boule préparée que l'on frotte au fond d'un vase dans du vin ou de l'eau pour obtenir des boissons ferrugineuses, si bonnes pour accélérer la circulation du sang, pour fermer les écorchures et donner du ton aux chairs. Il faut aussi avoir un flacon de teinture d'arnica contre les chûtes, et d'alcali volatil, ou mieux d'acide phénique, contre les mauvaises piqûres.

De plus, la maîtresse de maison devra recueillir la rouille des vieux morceaux de fer pour faire du *safran de mars*. Des feuilles de vigne et de cassis séchées doivent encore se trouver pour remplacer le vulnéraire; il est encore bon d'avoir du gruau concassé pour préparer des boissons rafraîchissantes, et des sangsues en cas d'accidents.

Enfin, sans métamorphoser les maîtresses de maison en commères distributrices de remèdes, ni empiéter sur les droits des médecins, nous voulons continuer à leur indiquer quelques recettes contre les accidents journaliers auxquels il est urgent de remédier très-vite.

Médicaments qu'il est toujours utile à une mère de famille d'avoir sous la main.

1° *Sirop d'ipécacuanha*; que l'on administre par cuillerées à café toutes les cinq minutes jusqu'au vomissement que l'on facilitera en donnant de l'eau tiède. On l'emploie dans les angines et dans le croup; il n'y a nul inconvénient à s'en servir en attendant l'arrivée du médecin, si l'on avait des craintes plus sérieuses;

2° *Manne*. Dose : de 20 à 30 grammes que l'on fait dissoudre dans du lait. C'est un purgatif très-doux et excellent pour les enfants;

3° *Huile de ricin*. De 8 à 15 grammes pour un enfant. La meilleure manière de la faire prendre est de la mélanger à une tasse de bouillon dégraissé;

4° *Fleurs de tilleul, de mauves, de violettes*. Pour infusions. La valeur d'une pincée pour une tasse de tisane que l'on sucre avec du sirop de gomme ou de capillaire';

5° *Acide phénique* ou *Ammoniaque* pour cautériser les piqûres d'insectes ;

6° *Teinture d'arnica* qu'on mélange par parties égales avec de l'eau pour compresses contre les contusions ou les coupures ;

7° *Sparadrap* et *Taffetas d'Angleterre* dont il est inutile d'indiquer l'usage ;

8° *Poudre de lycopode* qui sert à poudrer les parties excoriées des cuisses et de l'abdomen ;

9° *Farine de lin* comme cataplasme et adoucissant ;

10° *Farine de moutarde* comme rubifiant, c'est-à-dire, pour amener une inflammation à l'extérieur ;

11° *Racine de guimauve*. Prise en décoction peut être également très-utile comme laxatif ;

12° Quelques pastilles ou dragées de *santoline* comme vermifuges.

Le lait de poule.

Tout le monde connaît ce qu'on appelle vulgairement *lait de poule*. On le prépare ainsi :

Prenez un jaune d'œuf, délayez avec un verre d'eau bouillante versée goutte à goutte ; remuez vivement, afin que le jaune d'œuf ne cuise pas, et ajoutez une quantité suffisante de sucre et d'eau de fleur d'oranger.

Le liquide ainsi obtenu est très-agréable au goût, adoucissant pour l'arrière-bouche et pour les parties qu'il traverse, facile à digérer : lorsque l'œuf employé est très-frais, l'eau bien chaude, et que l'un et l'autre ont été bien battus, on a réussi à préparer très-rapidement un médicament qui peut rendre des services, et que l'on peut se procurer partout, surtout à la campagne.

Mais quelles sont les circonstances dans lesquelles on peut utiliser le lait de poule?

Toutes les fois que la bouche ou la gorge sont enflammées, on se trouve bien d'employer ce moyen.

Les personnes qui ont un léger rhume y puiseront aussi quelque soulagement; car, outre son action adoucissante, le lait de poule, à cause de sa chaleur, pousse à la peau et excite légèrement la transpiration.

Cependant, si le malade avait de la fièvre, si on lui avait prescrit une diète absolue, on devrait s'abstenir, car le jaune d'œuf délayé peut, dans ce cas, constituer une boisson trop nourrissante. Lorsqu'il n'est pas permis à un malade de manger un œuf, il ne peut, sans manquer à la prescription, prendre cet œuf sous une autre forme; il y a donc des indications et des contre-indications dans l'emploi de cette préparation si bénigne.

Quant aux gens affaiblis et aux convalescents, on peut, à leur égard, agir plus librement : le lait de poule leur convient, non-seulement le soir, mais à différentes reprises dans la journée, car il constitue un aliment léger et réparateur. On comprend que si un convalescent, et surtout un enfant, prennent plusieurs laits de poule pendant la durée d'un jour, ils ont absorbé autant d'œufs et ont introduit ainsi dans les organes digestifs un élément propre à réparer les forces qu'ils ont perdues.

En résumé, le lait de poule est un des meilleurs moyens parmi ceux qui appartiennent à la médecine de famille; il se trouve souvent d'un utile emploi, et n'est absolument contre-indiqué que lorsqu'il y a fièvre et quand la diète est indispensable.

Sirop adoucissant.

Voici un sirop qui, dit-on, est très-efficace contre la coqueluche, de même que pour adoucir l'irritation des bronches et celle causée par un rhume opiniâtre ou négligé.

Pour le préparer, il faut se procurer des navets de choix et du sucre pulvérisé.

Après avoir épluché les navets, on les coupe en tranches minces ; puis on les range dans un pot de terre, en plaçant alternativement un lit de navets et un lit de sucre, jusqu'à ce que le pot soit plein.

On le couvre alors bien hermétiquement et on le met dans un four d'où l'on vient de retirer le pain. On l'y laisse pendant six heures.

Au bout de ce temps on passe le sirop à travers une toile claire ; on le met enfin en bouteilles.

Le sirop de navets doit être tenu dans un endroit frais.

On l'administre à la dose d'une cuillerée à bouche.

Jus d'herbes.

Prenez deux poignées de pissenlit et deux poignées de cerfeuil; séparez, sans les laver, les racines et la terre ; mettez le tout dans un mortier de marbre et pilez fortement jusqu'à ce que tout ne fasse qu'une pâte molle ; exprimez alors fortement à travers une étamine, pour en retirer le suc dans un vase propre, qui ne soit pas de métal. Ensuite, remettez les plantes dans le mortier pour les piler de nouveau ; puis, repassez-les dans l'étamine pour achever d'en épuiser tout le suc ; filtrez enfin ce suc à travers un filtre de papier gris sur un entonnoir de verre. Ce suc est dépurant et apéritif ; il convient dans la chlorose, l'empâtement du foie, l'épaississement des humeurs et les maladies de peau. La dose est depuis quatre jusqu'à huit cuillerées à bouche : on peut le prendre un mois ou six semaines.

Manière de conserver des sangsues.

Il est un moyen très-facile de conserver chez soi des sangsues en parfait état, c'est de mettre du charbon dans l'eau du bocal qui les renferme. Il a été reconnu que, pour être conservées bien portantes, ces petites bêtes demandent à être changées d'eau tous les jours ; mais on peut s'éviter ce soin en employant le procédé que j'indique. L'essai en a été fait, et on a tenu dans la même eau pendant plus de trois mois des sangsues qui n'ont point souffert.

MÉDECINE DOMESTIQUE

Nous croyons rendre service à nos lectrices en réfutant quelques-unes des erreurs populaires sur la médecine.

Ainsi nous ne pouvons nous empêcher de réfuter l'opinion généralement répandue sur la qualité échauffante du sucre : on croit que cette substance produit la constipation ; c'est une erreur. Le sucre pur — sucre de canne — est un corps doux, éminemment nourrissant : s'il ne laisse aucun résidu dans le canal intestinal, ce n'est point par une propriété échauffante ou astringente, c'est parce qu'aucune des molécules qui le composent n'est perdue, qu'elles servent toutes à la nutrition, et sont complétement absorbées par les vaisseaux lymphatiques du tube intestinal ; d'où il résulte que le sucre ne constipe point, mais qu'il forme un chyle très-abondant. Un homme qui a fait la campagne de Russie, assurait devoir en partie la conservation de ses jours à un pain de sucre qu'il avait emporté de Moscou, et dont il mangeait quelques fragments lorsqu'il manquait de toute autre nourriture pendant la longue et périlleuse route qui le conduisit à Wilna. Sans doute, le vin, les liqueurs spiritueuses, les aromates auxquels on mêle le sucre de canne, portent le feu dans toutes les parties de notre organisation ; mais ce phénomène dépend uniquement de la nature éminemment calorifique de ces substances, et non de leur association avec la matière sucrée : celle-ci n'y joue, au contraire, d'autre rôle que de modérer la violence de leurs effets.

L'exercice est-il nécessaire pour aider l'acte de la digestion ? Beaucoup de personnes le croient : c'est une erreur. L'accomplissement de cette importante fonction exige le repos ; vous le troublez par le mouvement, vous le troublez également par l'étude du cabinet, surtout après un repas copieux. L'exercice convient souverainement pour exciter l'appétit, il doit précéder l'heure où l'on se met à table ; mais fuyez-le lorsque vous avez l'estomac chargé d'aliments.

Il est bien des gens qui se croiraient malades, s'ils n'avaient pas constamment le ventre libre, et qui, pour entretenir et multiplier périodiquement cette évacuation prétendue salutaire, avalent journellement des pilules purgatives, des grains de santé, etc. Ces personnes crédules ignorent qu'en provoquant ainsi mal à propos des excrétions répétées, elles privent réellement le corps de beaucoup de molécules alibiles qui auraient été absorbées dans les intestins au profit de la nutrition, et qu'elles se préparent sourdement quelque maladie abdominale de longue durée.

Est-il possible, à l'aide d'un certain régime, de prolonger la vie humaine beaucoup au-delà des bornes ordinaires ? Le chancelier Bacon, ce génie si transcendant, l'a cru, mais s'est trompé, parce qu'il a seulement fondé son opinion sur quelques faits isolés et qui sortent de la règle commune. Personne ne contestera qu'en évitant de bonne heure les excès, on se donne la chance d'arriver à un âge plus ou moins avancé, et il est sans doute permis à un octogénaire, qui mène une vie réglée, d'espérer quelques années de plus ; mais, certes, il n'existe aucun régime qui ait la singulière propriété de mener sûrement à une longévité insolite.

Il y a des individus qui affichent pour la médecine un scepticisme outré, et qui, lorsque leur santé s'altère, laissent à la nature seule le soin de la leur rendre, regardant comme inutile l'intervention de l'homme de l'art. Rien de mieux lorsqu'il n'est question que d'indispositions faibles et éphémères, telles qu'une courbature, une légère diarrhée, etc. Mais qu'arrive-t-il lorsque le mal est grave? que celui-ci, pendant que l'on temporise, fait des progrès plus ou moins rapides, et que le médecin, invoqué trop tard, perd tous ses avantages contre un ennemi dont il aurait pu de bonne heure abattre la force ou vaincre la résistance.

D'autres personnes réclament à temps les conseils du médecin, mais n'exécutent qu'une partie de ses prescriptions. Cette négligence volontaire peut avoir les plus fâcheuses conséquences ; il en résulte souvent des accidents que l'homme de l'art avait l'intention de prévenir, et qu'on a parfois l'injustice de mettre sur son compte, tandis que le malade est le seul coupable.

Ceux qui seront jaloux de leur santé se garderont bien de se mouler sur les exemples des autres; car car on peut assurer, sans crainte de se tromper, qu'en général ils ne valent rien, ou parce qu'ils sont mauvais par eux-mêmes, ou parce qu'étant bons, ils ne conviennent point aux circonstances dans lesquelles on se persuade qu'on peut les suivre.

C'est ainsi qu'on a vu des hommes prendre le lait, à l'exemple de tel malade à qui il avait fait beaucoup de bien, puis être obligé de le quitter parce qu'il leur faisait beaucoup de mal. L'exemple d'un homme devenu frais et vigoureux par l'usage du bain froid a coûté la vie à plusieurs qui croyaient pouvoir en user avec le même avantage. Tel se rendra fort en buvant de l'eau ; un autre se rétablira avec du vin pur ; celui-ci, avec des boissons moyennes ; celui-là avec beaucoup de boisson et très-peu de nourriture ; quelque autre, en mangeant bien et buvant peu. L'occasion seule indique à la pensée d'un homme sage et expérimenté le remède qui convient pour le moment.

Des bains simples comme propreté et des bains composés pour malades.

Si la toilette exige que les soins de la propreté surtout soient mis en rapport avec l'âge, le tempérament et le sexe, l'hygiène veut aussi que ces soins diffèrent selon les lieux, les saisons et les températures.

De tous les soins qu'exige la toilette, le plus agréable, le plus naturel, le plus simple, le bain, en un mot, est celui qui exerce l'influence la plus immédiate sur la santé.

Le bain fait éprouver un bien-être qui peut suffire pour en apprécier les bienfaisantes vertus. En débouchant les pores, il accélère la circulation, facilite et augmente la transpiration et agit immédiatement sur la peau en enlevant, pour ainsi dire, les écailles qui couvrent l'épiderme de notre corps.

Les effets du bain sont différents suivant le degré de chaleur ou de froid de l'atmosphère ; lorsqu'on en sort, les précautions qu'on doit prend different selon la température. La chaleur distend le corps ; le froid, au contraire, le resserre.

Les bains froids sont toniques ; mais il faut que l'immersion soit complète et subite. Il peut être dangereux d'entrer dans un bain froid lorsqu'on n'y pénètre que graduellement ; le froid refoule la chaleur vers les extrémités, le cerveau, par exemple. En général, si le bain froid est favorable à la jeunesse, dont il fortifie le tempérament, il ne convient ni à la vieillesse, ni aux constitutions faibles, ni aux poitrines délicates, parce que, la réaction ne pouvant s'opérer, la chaleur ne se rétablit que difficilement.

Lorsqu'on veut prendre un bain froid, il faut absolument que le corps soit reposé, que la digestion soit entièrement faite et que la transpiration ne soit pas excitée par la marche. Quand l'eau se trouve à une douce température, on peut y rester une demi-heure, trois quarts d'heure, mais jamais plus d'une heure.

Au sortir du bain on doit avoir la précaution de s'essuyer et de se frictionner tout le corps, afin d'enlever l'humidité, et surtout de débarrasser la peau des corps étrangers qui s'en détachent par l'action de l'eau.

Si l'on se sentait refroidi, il faudrait sur-le-champ rappeler la chaleur en se frottant avec un spiritueux quelconque, et, pour rétablir entièrement la transpiration, faire un exercice modéré.

Il est prudent de s'abstenir de manger immédiatement en sortant du bain, parce que la chaleur se reportant du centre aux extrémités, laisse les organes digestifs dépourvus d'une partie de la force nécessaire pour s'acquitter de leurs fonctions.

Les bains froids conviennent peu aux personnes habituées à une vie molle et sédentaire, et par prudence elles ne doivent en prendre que lorsqu'ils leurs sont prescrits.

Les bains chauds augmentent la transpiration; ils la rétablissent si elle est supprimée, et ramollissent les fibres. Il faut régler leur usage sur l'état de la santé; pris trop fréquemment, ils affaiblissent, épuisent et prédisposent aux rhumes.

Pour les bains tièdes ou chauds, il ne faut pas autant de précautions que pour se plonger dans l'eau froide; mais celles à prendre sont plus nécessaires à la sortie.

Après avoir pris un bain chaud, il faudrait pouvoir se mettre au lit, bien entendu après s'être essuyé complétement avec des linges secs et chauds; car ce qui cause de fréquentes maladies, c'est de s'exposer à l'action de l'air extérieur.

Règle générale: il faut se reposer *avant* le bain froid, et *après* le bain chaud.

Un soin trop souvent négligé, au sortir du bain, dans l'intérêt de la santé, ce sont les frictions: l'usage de la brosse à frictionner ne compromet point la peau et la dégage des petites pellicules écailleuses que l'eau a soulevées. Si l'on ne peut se coucher après le bain, il faut prendre un peu d'exercice; on ressentira immédiatement les effets de cette précaution, et la peau en retirera d'inappréciables avantages.

Dans les climats très-froids, les bains de vapeurs servent à exciter la transpiration lente et rare. Dans les régions tempérées, les bains tièdes sont nécessaires pour détacher de l'épiderme les molécules émanées du corps. Dans les temps humides, les frictions sèches sont plus convenables. Enfin, dans les climats chauds, la transpiration étant presque continuelle, les bains à un degré inférieur à celui de l'air atmosphérique y sont indispensables pour rétablir l'équilibre dans les humeurs et calmer leur effervescence habituelle.

Si les localités ou toute autre cause ne permettaient pas de prendre des bains entiers, il faudrait y suppléer par des lotions à l'eau chaude ou froide selon la saison : elles ne procureront peut être pas tous les avantages hygiéniques des bains, mais elles suffiront à l'entretien de la peau.

Les bains sont dits froids quand la température de l'eau est au-dessous de 15 degrés ; tempérés, quand elle est de 15 à 30 ; chauds, quand elle s'élève de 30 à 35.

Les femmes qui sont souvent fatiguées par le sang qui se porte violemment vers la tête, ce qui entraîne une chose assez fâcheuse, c'est-à-dire de prendre *le nez rouge*, doivent faire un fréquent usage de bains complets et de bains de pieds ; mais elles peuvent suppléer à l'une et à l'autre de ces choses par un bain de mains à l'eau bouillante ; ce remède, si simple, est excellent aussi dans les maux de dents, non-seulement pour les grandes personnes, mais encore pour les pauvres petits enfants. Mais par exemple, dans ce dernier cas, il ne faut pas l'employer comme remède, car les pleurs de l'enfant lui feraient plus de mal que le bain de mains ne pourrait entraîner de bien, et une mère ou sœur adroite doit en faire un plaisir ; ainsi, il est bon de mettre dans une cuvette d'eau bien chaude des poissons ou d'autres jouets; le cher bébé se brûlera volontiers les doigts pour les prendre, et l'on peut ainsi répéter très-souvent dans la journée cet exercice qu'il ne croira qu'un jeu.

Bains d'eau de son.

Pour un grand bain, il faut 10 litres de son dans 20 litres d'eau. On n'a pas besoin de faire bouillir le son ; il suffit de le mettre dans un petit sac qu'on plonge dans le bain et qu'on presse très-fort entre les mains. Le son convient surtout pour bains d'enfant. On proportionne alors la quantité à celle de l'eau. On peut, dans l'un et l'autre cas, laisser le son dans le bain ; mais alors il faut le tenir bien ficelé dans un linge.

Bains émollients.

Prenez un kilogramme de graine de lin, 2 kilogrammes de racines, tiges, feuilles, fleurs et rameaux de guimauve. Faites bouillir tout cela dans 10 litres d'eau ; passez et versez dans le bain.

Bains gélatineux.

Mettez la veille 250 à 500 grammes de colle de Flandre dans un vase avec de l'eau bouillante, de manière qu'elle baigne ; le lendemain cette gélatine se dissout avec la plus grande facilité dans le bain auquel on l'ajoute.

Bains sulfureux ou de Baréges.

Prenez 100 grammes de sulfure de potasse, et 50 d'acide muriatique. Faites dissoudre le sulfure de potasse à l'eau bouillante dans un vase de terre. Versez-le dans le bain préparé à la chaleur ordinaire. Mêlez bien en ajoutant l'acide, et mêlez encore en y ajoutant 300 grammes de colle dissoute dans de l'eau, comme pour les bains gélatineux. On peut faire ces bains plus ou moins forts, suivant l'ordonnance du médecin.

Ces bains ne peuvent se prendre que dans des baignoires de bois, parce qu'ils altèrent les métaux. Il faut aussi avoir soin d'ôter tous les bijoux qu'on peut avoir sur soi, comme bagues, boucles d'oreilles, etc., sans quoi ils noirciraient immédiatement. Il faut éviter aussi de placer la baignoire dans un endroit où il y aurait de l'argenterie, des dorures ou des glaces.

Bains de vapeur.

Les bains de vapeur coûtent fort cher pris hors chez soi, et même chez soi avec des machines organisées, *ad hoc*. Mais voici un moyen fort simple d'en prendre, moyen qui permettra même au plus pauvre de ne pas s'en refuser s'il en a besoin.

On fait asseoir le malade sur une vieille chaise dépaillée. On met sous cette chaise une terrine dans laquelle on a versé l'eau avec laquelle on a fait bouillir les plantes aromatiques ordonnées. On a alors le soin de bien envelopper la chaise et le malade dans une grosse couverture de laine, de façon que la vapeur qui sort de la terrine, passant par les trous de la chaise, monte sur le malade. Pendant ce temps, on tient au feu deux briques, et, quand l'eau de la terrine est moins chaude, on y plonge ces briques tour-à-tour.

L'opération terminée, on enveloppe bien le malade dans une autre couverture sèche et on le fait coucher dans un lit bien chauffé.

Des soins à donner aux personnes qui s'évanouissent.

Une des indispositions les plus ordinaires aux femmes, et surtout aux jeunes filles, ce sont les évanouissements appelés en terme technique *syncopes*; il est d'usage pour y porter remède d'asseoir la malade dans un fauteuil et de la placer devant une fenêtre ouverte. De ces deux choses l'une est excellente, mais l'autre est très-pernicieuse. L'excellente est l'air, la mauvaise est la position. Car qu'est-ce que la syncope? La syncope provient d'un peu de paresse et de langueur du cœur, langueur qui empêche le sang de se porter facilement vers les extrémités, notamment au cerveau. Il faut donc rétablir la circulation. Pour cela détachez d'abord tous les habillements de la malade, surtout le corset ; puis placez la dans une position horizontale, la tête même un peu plus basse que le reste du corps pour que le sang puisse y couler doucement, et, au lieu de chercher à la faire boire, ce qui emplirait l'estomac et gênerait d'autant plus la circulation, jetez lui de l'eau fraîche à la figure, ce qui produit une sensation assez vive pour qu'une forte aspiration en résulte : cette aspiration stimule le cœur et le fait rentrer dans ses fonctions ordinaires. Il faut aussi frotter légèrement les tempes et le dessous des narines avec du vinaigre et faire respirer des sels.

Comment il faut soigner les convulsions des petits enfants.

Ce que nous devons recommander avant tout aux jeunes mères dont les enfants sont frappés de convulsions, c'est de conserver leur présence d'esprit et de ne pas perdre un temps précieux à appeler des voisins et des commères qui nuisent plus qu'ils ne peuvent servir. Qu'elles se mettent bien dans la tête que les convulsions prises sur-le-champ et traitées avec intelligence ne peuvent jamais avoir aucune suite fâcheuse.

Voici donc les premiers soins à apporter en attendant la venue du médecin, si on en veut voir un, ou pour s'en passer, si on est assez éloigné d'une ville pour en avoir difficilement. Aussitôt que l'enfant est attaqué d'une convulsion, déshabillez-le et posez-le horizontalement, par terre, par exemple ; posez-lui *une* sangsue derrière le bas de chaque oreille, en façon de boucle d'oreille ; mais *une*, pas plus, parce que ce n'est pas pour détourner le sang qui est au cerveau, mais pour pratiquer une issue à celui qui pourrait s'y porter, que *cette* sangsue est mise. Mettez-lui des sinapismes aux jambes en façon de petites bottines, et frictionnez-lui bien le cœur et le creux de l'estomac avec de l'éther ; mais ne gênez en rien ses mouvements ; car voilà comment les gens maladroits estropient les enfants. Quand la convulsion est passée, mettez-le pendant une heure dans un bain d'eau tiède dans lequel vous aurez fait infuser deux ou trois poignées de fleurs de tilleul. Puis, quand il en sortira, vous le coucherez dans un lit bien chaud, la tête découverte. Pendant son bain, vous aurez soin de lui mettre des petites compresses d'eau fraîche sur le front. Quand il sera couché, vous lui ferez boire une infusion légère de tilleul et de fleurs d'oranger ; enfin pendant deux ou trois jours vous lui tiendrez le ventre très-libre, et vous le mettrez à une diète légère.

Vous pouvez avoir, Mesdames, une entière confiance dans ce traitement ; il m'a été indiqué, il y a vingt ans, par M. Jadelot, qui jouissait alors d'une réputation européenne pour le traitement des enfants ; et comme j'ai eu le triste avantage d'en faire souvent l'expérience, je peux vous assurer que toujours il réussit.

Après avoir indiqué ce moyen, conseillé par un médecin célèbre, nous donnerons un de ces *remèdes de bonne femme*, qui souvent, *quoique* et peut-être *parce* qu'ils sont fort simples, ont un grand succès.

Lorsqu'un très-jeune enfant est pris de convulsions, il faut brûler sur un marbre froid un morceau de gros papier gris se rapprochant le plus possible de celui dont on enveloppait jadis la chandelle; en se consumant, le papier dépose sur le marbre une huile empyreumatique assez épaisse : c'est cette huile qu'il faut recueillir avec les doigts et dont il faut faire respirer l'odeur à l'enfant; peu à peu les convulsions se calment à mesure qu'on répète l'expérience. Il faut éviter de toucher le nez de l'enfant avec l'huile, car elle tache la peau et il faut un certain temps pour que ces taches, semblables à celles que fait le brou de noix, disparaissent tout à fait.

Manière de faire les sinapismes.

C'est une erreur de croire que, pour qu'un sinapisme soit bien fait, il faille le faire avec de l'eau bouillante. Cela n'est pas nécessaire ; avec de l'eau tirée instantanément de la fontaine, il a autant et même peut-être plus d'action. Vous prenez donc tout simplement de la farine de moutarde, vous la délayez bien avec de l'eau, quelle qu'elle soit, puis vous placez entre deux morceaux de grosse mousseline cette espèce de pâte liquide et vous enveloppez avec cela l'endroit où le sinapisme doit être posé. Au bout de vingt minutes au moins, de trente-cinq au plus, si votre sinapisme n'a pas produit d'effet, c'est-à-dire rougi considérablement l'endroit où il est mis, il faut le changer de place. Le plus que l'on doit laisser un sinapisme est une durée de trois-quarts d'heure. Plus longtemps, il peut avoir des suites fâcheuses et même dangereuses ; car la brûlure faite avec la moutarde est très-mauvaise. Ne mettez pas non plus du vinaigre dans votre sinapisme, dans l'intention d'en doubler l'effet, cela l'annule complétement. Et tenez-vous pour dit, une fois pour toutes, qu'en médecine surtout, le mieux est l'ennemi du bien.

Remède simple contre l'empoisonnement.

Un accident qui est malheureusement trop commun, surtout chez les enfants et chez les gens de la campagne, c'est celui d'avaler du poison par erreur. En pareille occurence, si vous n'avez à votre portée ni pharmacie, ni drogues, le meilleur moyen est d'accomplir la prescription suivante qui vous fera l'office de tous deux.

Prenez le moutardier, remplissez-le d'eau chaude et après en avoir délayé le contenu, videz-le dans le premier vase que vous trouverez ; puis remplissez de nouveau votre moutardier avec de l'eau chaude et videz-le encore dans le même vase que vous remplirez avec de l'eau froide ; délayez bien et faites avaler le tout. Il n'y a pas de meilleur émétique improvisé, car il occasionne un vomissement abondant et soudain. Il faut répéter l'expérience jusqu'à ce qu'il y ait raison de supposer que tout le poison a été rejeté. Ce remède si simple a sauvé la vie à bien des gens.

Des saignements de nez ; moyen de les arrêter.

Par le docteur Jules Massé.

J'aurais à dire bien des choses sur une pareille question.

Ainsi, je voudrais montrer que certaines hémorrhagies nasales sont bienfaisantes, nécessaires. Leur retour périodique, mais irrégulier, sert de monitoire à l'organisme. On dirait le trop plein par lequel se déverse la vitalité devenue surabondante. Les saignements de nez remplacent alors ce qu'en médecine nous appelons des maladies complémentaires, ce que le dire populaire appelle naïvement des brevets de longue vie.

S'il est dangereux de guérir certaines maladies complémentaires, il ne l'est pas moins de supprimer d'autorité des hémorrhagies semblables.

Il s'agit ici des hémorrhagies nasales inattendues et de ces hémorrhagies interminables qui constituent un véritable accident. Évidemment il faut prendre tous les moyens possibles pour les juguler, pour les suspendre, pour les arrêter.

On a proposé bien des manœuvres, bien des remèdes, bien des opérations.

1º Les commères proposent toujours d'appliquer une clef dans le dos. Effectivement un corps froid mis entre les deux épaules (un morceau de marbre ou de fer, une grosse clef ou un caillou) produit une sorte de commotion générale, amène comme un commencement de frisson. Or, dans le frisson, tous les vaisseaux sanguins, se contractent et se resserent. Les vaisseaux qui fournissent l'hémorrhagie du nez se resserrant comme les autres, la perte du sang se trouve mécaniquement arrêtée.

2º Certains médecins recommandent de plonger les deux mains dans de l'eau très-froide, puis de les frotter vigoureusement pour les réchauffer. Ils comptent sur une dérivation. Les mains, momentanément refroidies, deviennent brûlantes dès qu'on les frictionne, et cette ardeur des mains peut arrêter un saignement de nez, comme un bain de pieds dissipe une congestion cérébrale.

3° Les chirurgiens tamponnent à l'aide d'une sonde particulière que l'on appelle sonde de Belloc; ils bouchent avec du coton ou de la charpie la communication qui existe entre les cavités nasales, la gorge et la bouche. Ensuite ils emplissent de coton ou de charpie les cavités du nez. Souvent ils sont contraints d'imprégner leur coton ou leur charpie d'un peu de vinaigre ou d'une solution d'alun.

4° Pour mon compte, j'ai une très-grande vénération pour l'alun en poudre, pris à grosse dose, en guise de tabac à priser. J'ai cité dans la *Santé du Peuple* plus d'une guérison inespérée obtenue par un aussi simple moyen. Malgré cela, je ne puis résister au désir de citer, d'expliquer et de préconiser un moyen tout mécanique, par conséquent plus simple encore.

On oblige la personne prise d'une hémorrhagie nasale à lever ses deux bras en l'air, à les lever tout droit, c'est-à-dire parallèlement à l'axe de son corps. Si la personne est faible, ou si elle n'a pas le petit courage d'opérer cette tention avec assez d'énergie, on viendra à son aide ; on lui place les bras dans la position voulue, et on les lui soutient ainsi pendant une à deux minutes, en un mot, jusqu'à ce que l'hémorrhagie soit arrêtée. J'ai rarement vu cette manœuvre manquer son effet, souvent même il m'a suffi de faire lever un seul bras quand l'hémorrhagie n'avait lieu que par une narine, et le saignement s'arrêtait, au grand étonnement de toute l'assistance.

De l'asphyxie.

Par le Docteur Charles Place.

Lorsqu'un homme a été maintenu dans un lieu dont l'air est corrompu, ou lorsqu'il s'est approché d'une fosse, d'une cave ou de tout autre endroit, desquels se dégage du gaz non respirable, il éprouve un étourdissement, son pouls cesse de battre, il tombe lourdement; sa peau devient froide, sa figure pâlit et prend une teinte violette, ainsi que ses doigts et ses pieds : on dit alors qu'il est asphyxié, c'est-à-dire que sa respiration a été suspendue, et que le sang qui vient au poumon pour y être soumis à l'air, n'y trouvant plus d'oxygène, y reste à l'état de sang noir ou de sang veineux, au lieu de prendre cette belle couleur rouge qu'il possède lorsqu'il est artériel et qu'il parcourt toutes les parties du corps pour y entretenir la chaleur et la vie. Mais la mort ne vient pas toujours aussi vite qu'on pourrait le supposer, car le cœur dont les battements sont en apparence insensibles, continue à entretenir encore la vie par un jet très-petit, mais suffisant, et souvent on peut, après quelques heures de mort apparente, ressusciter le patient. Il ne faut donc jamais désespérer et l'on doit continuer le plus longtemps possible, les secours que je vais vous indiquer.

Il y a, dans les villes plus particulièrement, de malheureuses personnes qui, par suite de chagrins de toute espèce, n'ont point le courage de résister à l'adversité, et ont au contraire la force momentanée de se donner la mort par l'*asphyxie du charbon*. Cette asphyxie a lieu en fermant hermétiquement une chambre et en se soumettant à respirer le gaz acide carbonique qui se dégage d'un réchaud allumé. Quelquefois cela a lieu par accident, chez les ouvrières qui font usage de charbon de bois pour le blanchissage ou la cuisine, et qui négligent de laisser une porte ou une fenêtre ouverte afin d'entretenir un courant d'air.

Dans ce cas d'asphyxie, comme dans les asphyxies qui ont lieu dans les fours à plâtre, par la respiration des vins ou de la bière en fermentation ou dans les souterrains longtemps fermés ; dans celles qui ont lieu par la chaleur excessive dans une salle dont l'air a été vicié par la respiration d'un grand nombre de personnes, il faut se hâter de transporter le malade au grand air, couper ou dénouer tout ce qui peut gêner les mouvements de la poitrine, et arrêter la circulation du sang, et, mieux encore, le déshabiller complétement. Il faut coucher le malade sur un lit un peu dur — et non pas dans un lit bien chaud — la tête haute et le tronc un peu élevé. Il faut frotter et asperger la figure, la poitrine, avec de l'eau vinaigrée, ou de l'eau de Cologne, ou de l'eau-de-vie camphrée, puis essuyer avec des linges chauds, et recommencer la friction et l'aspersion. Il faut brosser les pieds, le dos, les mains avec une brosse rude comme celle à décrotter les habits. Puis, au bout d'un quart d'heure, lui donner un *remède* d'eau froide dans lequel on aura fait fondre 60 grammes de sel de cuisine et autant de sel d'epsom : A défaut de ce dernier, on mettrait 150 grammes de sel de cuisine. Il faut irriter les narines en approchant un flacon d'acide sulfurique, d'alcali volatil (ammoniaque). Enfin il faut insuffler de l'air dans les poumons, c'est-à-dire placer entre les dents et les lèvres un fort tuyau de plume d'oie, coupé aux deux extrémités ; rapprocher les lèvres avec les doigts et pincer les narines, afin que l'air ne se perde pas, et souffler doucement et à courtes reprises ; en même temps il faut faire quelques pesées sur les côtes en les accompagnant de légers frottements. Le reste est le rôle du médecin ; mais, si les indications ont été bien remplies, il n'aura souvent autre chose à faire, qu'à constater l'amélioration du malade, ou à compléter le traitement par une saignée, un vomitif ou un purgatif.

Pour l'asphyxie des fosses d'aisances, il faut se comporter comme je viens de le dire et en plus, faire respirer du chlore, qui se trouve maintenant partout. Si le malade a avalé de l'eau de la fosse, il faut le faire *vomir* soit en introduisant une plume avec ses barbes dans le fond de la bouche, soit en lui faisant boire un verre d'eau chaude contenant en lavage un ou deux grains d'*émétique* : si la connaissance ne revient pas, il faut mettre des sinapismes autrement dit un papin de farine de moutarde délayée avec du vinaigre, ou mieux de l'eau tiède. Le médecin combattra le reste par la saignée et des bains froids en cas de convulsions.

Quant aux noyés, il y a encore des préjugés enracinés à l'égard des soins à leur donner. Le vulgaire croit qu'ils perdent la vie, parce qu'une grande quantité d'eau a pénétré dans les poumons et les a suffoqués. Cependant aucune goutte de liquide n'entre dans les voies de l'air ; il ne faut donc pas les suspendre pour leur faire rendre l'eau avalée. Dans cet état le sang descend et se porte sur le cerveau, de manière que, si le noyé n'est pas complétement mort par l'effet de la submersion, il périt d'apoplexie. Il ne faut pas non plus le secouer comme quelques-uns le font, ou le faire boire par force tant qu'il y a de la difficulté à avaler. Tout cela est mortel; mais voici ce qu'il faut faire:

Il faut déshabiller et coucher le noyé sur le côté droit dans une chambre à feu ; passer de l'acide sulfurique, de l'ammoniaque, ou à leur défaut du fort vinaigre sous le nez ; réchauffer lentement le corps avec des briques, des fers à repasser, des sacs de sable chaud ; faire des frictions avec la brosse rude, chatouiller les narines avec une plume ; donner un *remède* avec 120 grammes de sel de cuisine et d'eau vinaigrée fortement, moitié de l'un, moitié de l'autre. S'il commence à respirer et qu'on sente battre un peu le cœur, ou si seulement il peut avaler, il faut lui donner de cinq en cinq minutes une cuillerée d'eau-de-vie camphrée ou d'eau de Cologne, ou seulement de bon cognac dans deux cuillerées d'eau. Le reste appartient au médecin.

Il y a aussi trop souvent dans la campagne, quand la neige tombe et couvre le sol d'un épais tapis blanc, de pauvres voyageurs et des ouvriers occupés aux travaux du dehors, qui tombent asphyxiés par le froid. Il faut leur porter un prompt secours. Pour cela, il faut envelopper le corps en laissant la tête découverte, le plonger dans la neige, faire des frictions avec des poignées de neige du centre vers les extrémités, c'est-à-dire de la poitrine aux bras et aux mains, aux jambes et aux pieds, quelques minutes après, faire des frictions avec de l'eau froide, puis de l'eau tiède, puis de l'eau chaude. Si l'on n'a pas de neige, donnez un bain d'eau froide réchauffée par degrés : aspersions sur le visage. Vous devez chatouiller les narines, insuffler de l'air comme je l'ai déjà dit; faire respirer de l'ammoniaque, et quand le malade se réchauffe le mettre dans un lit non bassiné; friction avec brosse sèche, *remède* de sel, eau vinaigrée, tilleul, bouillon et eau mêlée de vin.

Pour les pendus, hâtez-vous d'abord de couper la corde ou le lien sans attendre qu'aucune autorité soit venue pour constater le fait. L'essentiel est de sauver le patient, le juge s'en rapportera à votre témoignage pour lui rendre compte et savoir comment il était étranglé. Il faudra ensuite vous comporter absolument comme pour les noyés, sans qu'il soit nécessaire de réchauffer le corps.

Coliques d'estomac et d'intestins.

On emploiera avec avantage les calmants et les stimulants antinerveux; les plus efficaces sont : l'eau de mélisse, la liqueur d'Hufland, l'éther, ou le sirop d'éther, pris à la dose de dix à quinze gouttes sur du sucre ou dans de l'eau. Si les douleurs persistaient, on prendrait une seule fois deux cuillerées d'huile d'olive mêlées à du sirop de gomme et de l'eau de fleurs d'oranger.

Coupures.

Aussitôt qu'une coupure est faite, il faut en nettoyer les bords avec de l'eau et chercher à rapprocher les chairs en les bandant; pour cela on doit placer le membre blessé dans la position la plus convenable à ce rapprochement. S'il a lieu à l'instant même, et que les chairs restent rapprochées au moyen de bandelettes de taffetas d'Angleterre mises en travers de la plaie, la reprise des chairs sera très-prompte, l'émission sanguine peu considérable, et il ne s'établira pas de suppuration. Mais si, au contraire, on n'opère ce rapprochement qu'après une émission sanguine abondante et le gonflement des bords de la plaie, il faudra qu'il s'établisse une suppuration nécessaire à la cicatrisation.

Pour une coupure dans le creux de la main, on rapprochera les doigts vers le centre de la paume de la main, pour opérer le pansement; lorsqu'elle a lieu en dessus, il faut au contraire cambrer la main en arrière. Cet exemple peut servir de guide pour les coupures faites dans d'autres parties.

Lorsqu'on place des bandelettes de taffetas d'Angleterre ou de diachylon, sur une coupure pour en rapprocher les chairs, elles doivent s'étendre bien au-delà des bords de la plaie, des deux côtés, et la traverser. On colle d'abord un bout, puis on tire doucement pour coller l'autre en cherchant à fermer la plaie. Les bandelettes ne doivent pas être placées l'une à côté de l'autre; il faut laisser un petit intervalle entre elles, pour faciliter l'écoulement des sérosités qui se forment dans la coupure. Les bandelettes ainsi placées, on pose dessus un tampon de charpie qu'on peut enduire, à la surface, d'un peu de cérat, ou une plaque d'amadou bien doux, qu'on enduit également, puis on bande la plaie. Il est rare qu'une coupure bien pansée, comme nous l'indiquons, ne se guérisse pas promptement.

Les gens peu éclairés emploient des herbes auxquelles ils attribuent beaucoup de vertu ; la seule qu'elles possèdent, c'est de couvrir la plaie, de la soustraire à l'influence de l'air toujours nuisible à une plaie, et de ne pas s'y attacher.

Si la coupure était très-grave, elle pourrait causer un accès de fièvre, vingt-quatre heures après qu'elle aurait eu lieu. Un peu de diète est le seul remède à employer. S'il se manifestait une inflammation considérable, et s'il s'établissait une suppuration, on recourrait aux moyens émollients et surtout aux lotions d'eau pure légèrement dégourdie ; l'eau de guimauve ramollit trop les chairs. Vers la fin, on blanchirait l'eau avec un peu d'extrait de Saturne ; mais, dans ce cas, la cicatrice serait beaucoup plus considérable. Il faut chercher à l'éviter avec le plus grand soin chez les enfants, car les cicatrices grandissent dans la même proportion que la région du corps sur laquelle elles sont placées, et, sur le visage surtout, c'est une chose fâcheuse.

Lorsque la coupure a été faite avec un tranchant non acéré, avec du verre ou un tesson, il n'y a pas à songer à obtenir la reprise sans suppuration, parce qu'il y a déchirement de la chair ; il n'en faut pas moins rapprocher la plaie avec des bandelettes, et la traiter comme la coupure par instruments tranchants, mais s'assurer avant tout, avec le plus grand soin, qu'il n'y a pas, dans les profondeurs de la blessure, quelques parcelles du vase rompu ; elles y causeraient une inflammation considérable, et la cicatrisation ne s'opérerait que lorsqu'elles auraient été rejetées de la plaie par la suppuration. Dans le cas où l'on s'apercevrait de la présence de ce corps étranger, il faudrait laver la plaie à grande eau dégourdie, si on ne pouvait pas l'extraire autrement.

Crachement de sang.

Dans un crachement de sang, on cherchera à obtenir du malade le silence et la plus grande immobilité possible. Le malade prendra un peu d'eau sucrée froide, on appliquera des sinapismes, et on aura recours le plus tôt possible au médecin.

Baume contre les engelures ouvertes et les crevasses.

Faites fondre au bain-marie 125 grammes de cire blanche et 130 gr. de beurre frais, ajoutez-y 125 grammes d'huile d'olive, lorsque le premier mélange est presque fondu. Si les engelures sont ouvertes, enveloppez les parties malades avec du linge fin couvert de ce baume. Si vous n'avez à combattre que de simples gerçures, frottez-vous seulement les mains le soir en vous couchant, et mettez des gants.

Douleurs.

Quand on éprouve une douleur fixe sur un point quelconque, il faut observer les symptômes du mal, se mettre à une demi-diète, boire un peu de tisane douce, chercher à transpirer, éviter les mouvements qui pourraient exciter le mal, mais ne point faire de remèdes. Si cet état persiste, il faut consulter.

Étourdissement.

Lorsqu'on éprouve un étourdissement, il faut à l'instant même mettre les pieds dans l'eau très-chaude jusqu'à la cheville et les y laisser cinq à six minutes ; cependant, si la digestion du malade n'était pas terminée, on attendrait qu'elle le fût. Il est bon d'animer le bain de pieds avec 125 grammes de farine de moutarde.

On découvrira la tête du malade, et, s'il désire se coucher, mais sans dormir, on le tiendra au lit la tête très-haute. On lui couvrira assez le corps pour qu'il n'ait pas froid, surtout aux pieds. Il serait convenable de bassiner le lit, mais à la partie inférieure seulement. Il ne faut pas priver le malade d'air ; à cet effet on tiendra la fenêtre de sa chambre ouverte, à moins qu'il ne fasse très-froid.

La diète la plus sévère doit être observée ; il faut dégager le ventre au moyen d'un lavement qu'on pourrait animer avec une cuillerée de sel commun ou la même quantité de miel ; on pourrait même placer sur la tête et sur le front du malade des compresses d'eau froide renouvelées souvent ; enfin, on appliquera des cataplasmes de moutarde aux jambes; on les y laissera peu de temps pour les renouveler aux pieds, une heure ou deux plus tard. Si le malade ne veut pas se coucher, il faut l'engager à sortir pour prendre un exercice modéré ; mais il ne faut pas le laisser sortir seul.

Si l'on ne pouvait pas absolument avoir de prompts secours de l'art et que l'étourdissement continuât ou se renouvelât, il faudrait appliquer de 6 à 12 sangsues à l'anus, suivant la force de la personne ; mais, je le répète, il ne faut recourir à ce moyen que dans le cas où l'on ne pourrait avoir un médecin.

Pour guérir les crevasses au sein.

Prenez du beurre très-frais, gros comme un petit œuf de poule, et plein un verre à liqueur d'excellente huile d'olive ; faites fondre les deux ensemble sur de la cendre chaude, ajoutez-y un jaune d'œuf tout frais, dont vous ôtez le germe ; battez bien le tout ensemble, et aussitôt fini étendez ce liniment sur la partie malade avec la barbe d'une plume et recouvrez d'un linge très-doux. Pour que cette pommade garde sa vertu, il faut la renouveler très-souvent en été. Elle se conserve beaucoup mieux en hiver. Elle a encore un autre avantage que celui de soulager la malade, elle ne dégoûte pas l'enfant et ne peut pas lui être nuisible.

Excellent liniment pour les maux d'yeux.

180 grammes d'eau de rose,
20 gouttes d'extrait de Goulard,
20 gouttes de laudanum ;

Mélanger le tout ensemble et s'en servir tiède. Pour cela il faut mettre au bain-marie dans de l'eau chaude la fiole contenant ce mélange.

Moyen pour guérir les rhumatismes.

Mettez de la flanelle et du taffetas ciré sur la peau, après vous être bien fait frictionner avec de l'huile camphrée et du baume tranquille. Prenez un lavement d'eau simple, dans laquelle vous ajoutez huit gouttes d'essence de térébenthine. Couchez-vous et cherchez à transpirer.

Pour conserver ses dents sans maladie.

Rincez-vous la bouche tous les matins avec un verre d'eau fraîche, dans laquelle vous aurez mis quelques gouttes de la liqueur suivante :

120 grammes de gomme de gayac pure en morceaux, et que l'on fait infuser dans un litre d'esprit de vin,

10 clous de girofle,

Un morceau de camphre,

Quelques gouttes d'eau de menthe ;

Laisser infuser quinze jours, puis tirez à clair.

Danger des narcotiques administrés aux enfants.

Il est un abus qui existe principalement dans les villages, abus qui consiste à donner aux enfants un breuvage narcotique, préparé avec des têtes de pavots et destiné à les endormir, soit pour que les parents soient plus libres, soit pour apporter du repos à l'enfant si la dentition le tourmente.

Cette pratique fait de nombreuses victimes, le principe actif que renferment les têtes de pavots n'étant autre chose que de l'opium, qui devient un véritable poison lorsqu'il est administré, par des mains inexpérimentées, aux enfants du premier âge surtout. Aussi ces pauvres enfants dépérissent-ils à vue d'œil quand on leur fait prendre habituellement de cette boisson ; du dépérissement ils tombent dans le marasme et s'éteignent lentement, si toutes fois le narcotique n'entraîne pas une fièvre cérébrale qui les enlève plus promptement.

Il ne faut donc jamais donner une préparation narcotique à un enfant sans une ordonnance formelle du médecin.

Premiers soins à donner à une personne mordue par un chien enragé.

Immédiatement après l'accident, si on a la certitude que l'animal est atteint de la rage, il faut cautériser la plaie avec un fer rouge : de tous les moyens, c'est le meilleur et celui qu'on a toujours sous la main. Il faut avoir le soin de prendre un morceau de fer de dimension convenable pour qu'il puisse entrer jusqu'au fond de la plaie.

Voici, du reste, la manière dont on doit procéder :

Il faut d'abord laver la blessure pour enlever la bave de l'animal enragé, et, pour le faire convenablement, il faut écarter les bords de la plaie ; on doit aussi exciter l'écoulement du sang en pressant avec les doigts ou en suçant la partie mordue, ce qui ne présente aucun danger. Si la plaie était fort étroite, comme cela a lieu quand les crochets de l'animal ont seuls pénétré, il faut, sans hésiter, l'agrandir avec un canif ou tout autre instrument tranchant, de manière à arriver jusqu'au fond de la plaie. Ceci est d'une importance capitale pour le succès de l'opération.

Pendant le temps employé à ces divers préparatifs, le fer dont on doit se servir a dû être chauffé au rouge. Il est important qu'il soit le plus chaud possible, parce qu'il fait moins souffrir le malade et qu'on atteint plus sûrement le but qu'on se propose. Alors, pendant qu'une personne écarte les bords de la plaie, une autre introduit le fer rouge jusqu'au fond, en appuyant fortement pendant environ une demi-minute. On doit veiller à ce que tous les points atteints par la bave soient touchés par le fer rouge.

Si cette opération est faite à temps, de la manière indiquée, on peut être sûr d'empêcher le développement de la maladie.

Si, au moment de l'accident, on se trouvait éloigné de toute habitation, ce qui peut arriver aux chasseurs, et si on avait à sa disposition de l'alcali volatil (ammoniaque), on pourrait s'en servir pour cautériser la plaie ; mais le succès serait moins certain qu'avec le fer rouge.

On pourra également, de suite après l'accident, enlever la partie mordue avec un rasoir ou un canif, en ayant soin de couper dans le vif jusqu'au-dessous du fond de la plaie. Si c'était l'extrémité d'un doigt, on pourrait en faire l'amputation.

Après la cautérisation, le seul pansement à faire consiste dans l'application de compresses de linge imbibées d'eau froide.

Moyens pour faire cesser le hoquet.

Le hoquet, plus incommode que dangereux, provient ordinairement de faiblesse ou d'une mauvaise digestion. On le guérit en mangeant un morceau de sucre trempé dans quelques gouttes d'éther sulfurique, ou même en buvant très-lentement un verre de vin, ou en avalant une cuillerée de bon vinaigre, de jus de citron pur ou mêlé à de l'eau de menthe, ou une petite quantité d'eau froide, coup sur coup. Une légère surprise causée à la personne qui a le hoquet suffit quelquefois pour le lui ôter. En marchant quelque temps la bouche ouverte et retenant son haleine, on le fait aussi cesser.

Bain de pieds contre les engelures commençantes.

On fera bouillir, jusqu'à réduction des deux tiers, un mélange ainsi composé :

Vin rouge.	1 litre.
Eau.	4 litres.
Écorce de bois de chêne.	250 grammes.

On y ajoutera ensuite :

Alun.	15 grammes.

Deux ou trois de ces bains, d'une demi-heure chacun, suffisent pour faire disparaître les engelures.

Remède contre l'échauffement de la poitrine.

Voici un remède des plus faciles et dont l'efficacité a été plusieurs fois constatée.

Procurez-vous un œuf tout frais pondu.

Séparez le blanc du jaune, et ne gardez que ce dernier.

Saupoudrez-le bien de sucre pulvérisé très-fin, et prenez-le légèrement dans une cuiller à bouche.

Vous le présenterez, en cet état, à la personne malade que vous voudrez soulager.

Remède contre la piqûre des cousins.

La piqûre de ces insectes occasionne une démangeaison presque intolérable.

On la soulage promptement à l'aide d'un peu d'alcali volatil.

Quand on n'a pas d'alcali sous la main, on frotte et lave la plaie avec de l'eau fraîche.

On atténue beaucoup l'inflammation en frottant la piqûre avec de la terre à foulon et de l'eau.

Remède facile contre la fièvre

Ce remède est indiqué par l'abbé Rousseau, à qui il semble qu'il a généralement réussi.

Il consiste à prendre, dès les premiers symptômes, aux premières approches de l'accès, un petit verre de suc cru de chicorée sauvage.

Un seul petit verre n'est pas toujours suffisant; mais le répéter à deux ou trois reprises enlève ordinairement la fièvre.

Moyens de faire disparaître les envies et autres taches de la peau.

Prenez des racines de bourrache.

Mondez-les de leurs filets.

Après cette opération, plongez-les dans du vinaigre rosat.

Laissez-les infuser pendant au moins douze ou quatorze heures.

Après ce temps, retirez-les, et servez-vous-en pour bassiner, le plus souvent possible, la tache ou l'envie que vous voulez faire disparaître.

Quelques personnes, vers la fin du mois de mai, prennent des feuilles et des racines de caryophyllata, et les font distiller à l'alambic.

Elles se servent ensuite de l'eau qu'elles ont ainsi obtenue pour frotter fréquemment les taches dont elles veulent se débarrasser.

Guérison des foulures.

Pour composer une bonne préparation contre les foulures, prenez :

> Suif . . . . 45 grammes,
> Vinaigre très-fort . . 1/2 verre,
> Sel . . . . 1 poignée.

Faites bouillir le tout ensemble.

Avec le mélange que vous aurez obtenu, vous frotterez la partie foulée, trois fois par jour, avec un linge que vous y appliquerez ensuite.

Ce baume doit être employé le plus chaud possible.

Si la foulure était au pied, il serait bon de rester au moins une journée la jambe appuyée sur un tabouret.

Ce remède peut s'appliquer quelques jours de suite, en se couchant.

Bouillon de mou de veau contre les affections de poitrine.

Prenez la moitié d'un mou de veau ; coupez-le en petits morceaux ; faites-le dégorger complétement et mettez-le cuire dans une marmite de terre avec 3 litres d'eau, 5 navets également coupés en morceaux, un peu de cerfeuil et 30 grammes de jujube ; écumez votre bouillon et laissez-le réduire pendant trois heures ; passez-le au tamis de soie.

Remèdes contre les simples maux d'yeux.

Si vous n'avez aux yeux qu'un simple mal, une légère inflammation, vous pouvez les guérir par l'usage bien facile de compresses imbibées de petit-lait.

Un autre moyen encore est l'emploi de légers cataplasmes de crème ou de pomme râpée.

Dans ce dernier cas, la rainette est la meilleure à employer.

Remède contre les coups de soleil.

La médecine a trouvé un assez grand nombre de remèdes contre cet accident.

Voici un moyen bien simple :

On prend une bouteille pleine d'eau froide ; on se l'applique ou l'on se la fait appliquer exactement sur la partie frappée par le soleil, de manière, bien entendu, que le goulot de la bouteille appuie sur la place du mal.

On laisse la bouteille ainsi renversée jusqu'à ce qu'on y aperçoive un léger frémissement ou une espèce de fermentation.

On ôte alors la bouteille qu'on remplace par une seconde, et l'on continue jusque ce que l'eau ne contracte plus ni chaleur ni mouvement.

Quand l'expérience en est là, le malade est entièrement guéri.

Moyen d'arrêter la toux convulsive.

Faites tout simplement acquisition de :

Eau de luce, 30 grammes,

et placez ce liquide sous le nez de la personne atteinte de la toux convulsive.

Presque toujours cette précaution suffit pour arrêter l'accès ; quelquefois même la toux en a été complétement guérie.

Ce remède est trop simple pour qu'on ne l'emploie pas, et c'est aux remèdes simples qu'il est toujours bon de recourir.

Transpiration des pieds.

Les pieds demandent toujours de grands soins, mais surtout en été.

Un des inconvénients dont on désire le plus se débarrasser, est celui de la transpiration, gênante chez certaines personnes.

D'un autre côté, on sait qu'il n'est pas sans danger d'y porter remède.

Voici un moyen aussi simple que précieux, que l'on peut employer pour s'en délivrer presque complétement.

Le matin, en sortant du lit, on n'a qu'à s'essuyer les pieds avec un linge doux et sec.

L'état de moiteur où ils sont encore fait très-bien réussir cette petite opération.

Dès qu'elle est terminée, on jette sur ses pieds quelques gouttes d'eau-de-vie.

Ce spiritueux donne du ton aux pores, qui s'assimilent la sécrétion désagréable.

Le grand Frédéric, affligé de ce désagrément, n'avait pas d'autre secret.

Remède contre l'œil-de-perdrix.

De tous les cors aux pieds, le plus douloureux est sans contredit l'œil-de-perdrix ; mais c'est aussi le plus facile à guérir. La cure radicale dure 15 jours au plus. Voilà comment il faut s'y prendre : tous les deux ou trois jours prenez un bain de pied d'une demi-heure dans de l'eau blanchie avec du savon de cuisine. En sortant vos pieds du bain, grattez légèrement l'œil-de-perdrix avec la pointe de ciseaux fins et chaque soir en vous couchant mettez un petit cataplasme de mie de pain et de lait. — Ce cataplasme n'a pas besoin d'être cuit. — Prenez une cuillerée de lait, émiettez-y un peu de mie de pain, mettez cette petite pâte dans un peu de mousseline ou de vieille batiste et passez ce cataplasme lilliputien entre les doigs où l'œil-de-prix est placé : en moins de 15 jours il aura totalement disparu.

Remède contre les brûlures.

Lorsque la brûlure est légère, et la peau seulement rougie, trempez la partie malade dans l'eau froide. Au même degré, et même un peu plus, appliquez du coton en rame ou du typha.

La peau est-elle boursouflée, employez la pomme de terre crue râpée, ou une bouillie de farine de froment et de vinaigre : il faut laisser la pulpe ou la pâte tomber d'elle-même. Pour guérir instantanément les plus fortes brûlures, il faut frotter à deux reprises la partie souffrante d'une dissolution de 30 grammes d'opium dans un demi-litre d'esprit de vin.

Autre remède.

L'application immédiate sur la partie brûlée d'une sorte d'emplâtre de gelée aux confitures de groseille est certes un remède aussi simple que facile à employer : il n'est pas un ménage qui n'ait toujours à sa disposition cette confiture. C'est encore un de ces remèdes de bonne femme qui peuvent faire hausser les épaules aux graves médecins, mais il y en a ainsi beaucoup et ce ne sont pas les moins efficaces.

Remède contre les coupures et écorchures.

Avant l'inflammation de la plaie, appliquez dessus des feuilles de chélidoine jaune mêlées avec quelques gouttes d'huile d'olive. L'usage du papier brûlé est excellent en pareil cas. Pour combattre encore ce genre d'accidents, on devra avoir du taffetas d'Angleterre.

Remède contre les maux de tête.

Des bains de pieds savonneux très-chauds, et dans lesquels on ne reste que huit à dix minutes; un linge imbibé d'eau fraîche appliqué sur le front; l'*essence balsamique éthérée* (que l'on vend chez tous les pharmaciens), adoucissent les maux de tête, qui tiennent presque toujours à une cause interne, et cèdent principalement au repos et à la diète.

Remède contre la migraine.

Faites fondre 125 grammes de sel gris de cuisine dans un litre d'eau ; ajoutez-y 10 grammes d'alcool camphré et 60 grammes d'alcali volatil, ou ammoniaque liquide, remuez bien ce mélange avant de vous en servir, puis prenez une compresse, imbibez-la bien de cette composition et appliquez-la sur le front en ayant soin de préserver les yeux du liquide.

Quand la migraine ne vient pas d'un embarras d'estomac, ce remède la guérit presque instantanément.

Panaris.

Le panaris est un mal souvent très-grave qui se manifeste aux doigts des mains, surtout à la suite de coups et de blessures. Voici un remède dont l'expérience a constaté l'infaillibilité :

Versez de l'extrait liquide de saturne (ou nitrate de plomb) dans un demi-litre d'eau tiède, jusqu'à ce que l'eau ait la couleur du lait. A l'aide de cette eau blanche, formez un cataplasme avec de la mie de pain, faites bouillir jusqu'à la liaison du pain. Mettez soir et matin un cataplasme à chaud ainsi préparé sur le panaris, baignez le doigt dans l'eau blanche, et, en cas d'enflure, dans une décoction d'eau émolliente quelconque. En agissant ainsi, on est assuré d'une prompte guérison. Il faut impérieusement enlever les peaux mortes et percer le mal venu à maturité, ce qui se reconnaît facilement.

Onguent pour mûrir les panaris.

Pour obtenir cet onguent, vous hacherez très-mince une certaine quantité de pariétaire, que vous amalgamerez ensuite avec de l'axonge.

Vous envelopperez ce mélange avec plusieurs papiers posés les uns sur les autres, et vous placerez le tout dans de la cendre suffisamment chaude pour cuire la pariétaire, mais cependant pas assez pour brûler les papiers.

Vous étendrez une couche épaisse de cet onguent sur du papier brouillard, avec lequel vous couvrirez toute la partie malade.

Vous le changerez deux fois par jour.

Pour diminuer le front des enfants.

Quand les enfants ont le front trop grand, et qu'on veut rapprocher leurs cheveux, le meilleur moyen est de leur mettre aux racines des cheveux du front, tous les soirs, un peu de suif de chandelle, et pendant longtemps.

Le suc des filaments de la vigne fait croître les cheveux.

Quand les cheveux tombent, il faut les poudrer avec une poudre fine, dans laquelle on aura broyé du sel.

Remède contre les rhumes.

Quand vient la saison des rhumes, notre recette, réputée infaillible en Angleterre, sera peut-être utile à plus d'une de nos lectrices.

Mettez dans huit litres d'eau une forte cuillerée de graine de lin, 125 grammes de raisins secs et autant de jus de réglisse en bâton. Faites bouillir le tout sur un feu doux jusqu'à réduction de moitié. Ajoutez 125 grammes de sucre candi ; quand il est fondu, passez le mélange au tamis ; puis, versez-y une cuillerée de jus de citron et une de vieux rhum. On prend un verre de cette décoction bien chaude le soir avant de se coucher ; on peut aussi en prendre un peu quand on a des accès de toux. Le plus gros rhume est ordinairement guéri par ce moyen en deux ou trois jours, et si le remède est pris à temps, il ne manque jamais son effet.

Un autre remède pour les toux et les enrouements obstinés, consiste à tremper un morceau de flanelle dans de l'eau bouillante, puis à l'asperger d'essence de térébentine. On applique la flanelle aussi chaude que possible sur la poitrine et le patient se sent immédiatement soulagé.

Contre les piqûres de moucherons.

Pendant les chaleurs de l'été, lorsque des animaux morts sans avoir été enterrés sont tombés en putréfaction et offrent aux mouches cet appât qui rend leurs morsures si dangereuses, il faut d'avance avoir chez soi un flacon de chlorure d'oxyde de sodium, et non de calcidium, qui n'a pas les mêmes propriétés quand il s'agit de l'employer intérieurement.

Aussitôt qu'on a été piqué, on met sur la place un petit cataplasme, composé d'une forte décoction de guimauve, dans laquelle on délaye de la mie de pain rassis. Quand le mélange est bien fait, on ajoute deux cuillerées à café de chlorure d'oxyde de sodium, au moment de verser sur le linge. Ce flacon sera toujours tenu bouché avec le plus grand soin.

Matin et soir, le malade boira un verre d'eau sucrée avec addition dans chaque verre d'une cuillerée à café de chrolure d'oxyde de sodium.

Trois fois dans les vingt-quatre heures, c'est-à-dire une heure avant le déjeuner, une heure avant le dîner et vers minuit, on avalera le jus de la moitié d'un citron, parfaitement exprimé, sans eau ni sucre, mais pur.

Si la maladie est déjà avancée quand on recourra à ce traitement, on emploiera intérieurement les moyens, auxquels on ajoutera, matin et soir, un lavement fait avec une forte décoction de plantain; on versera dans chacun deux cuillerées à café de chlorure d'oxyde de sodium.

L'escarre sera enlevée au bistouri, et la surface mise à vif, sera touchée deux ou trois fois par jour avec le *nitrate acide de mercure*, puis recouverte avec un cataplasme de décoction forte de plantain, mie de pain et chlorure.

Ce traitement sera suivi exactement jusqu'à parfaite guérison.

Remède contre le mal de dents.

Prenez un morceau de zinc de la grandeur à peu près d'une pièce de cinquante centimes, et une pièce d'argent, soit un franc. Mettez ces deux morceaux de métal l'un contre l'autre et posez-les sur la dent malade. Le zinc et l'argent, agissant comme une batterie galvanique, enlèveront la douleur à l'instant même.

Bégaiement.

Un docteur américain, M. Warren, a fait l'expérience d'une méthode très-simple pour guérir le bégaiement. La personne affligée de cette infirmité n'a qu'à taper du doigt à chaque syllabe qu'elle prononcera ; en prenant cette habitude et la suivant régulièrement, le bégaiement le plus invétéré se dissipe en peu de temps.

Lumbago.

Les personnes sujettes à ce mal insupportable seront bien aises d'essayer d'un remède dont l'expérience a été faite avec un succès complet. Il faut faire chauffer doucement un bouton de fer un peu aplati et en toucher la peau du malade rapidement, légèrement et à plusieurs reprises tout autour de la partie souffrante.

Remède simple contre les engelures.

Le mal de l'hiver ce sont les engelures ; les enfants surtout en sont souvent atteints. Avant qu'elles n'arrivent à suppuration employez un liniement très-facile à faire et ainsi composé : Faites fondre 1 hectogramme de savon blanc dans un demi litre d'eau-de-vie. Battez ce mélange jusqu'à ce qu'il forme une sorte de pâte. On en frotte la partie malade, doucement d'abord, puis plus fort, et jusqu'à ce qu'il ne reste plus d'humidité. On répète ces frictions trois ou quatre fois par jour et on en fait surtout le soir. Si les engelures sont prises à temps, c'est-à-dire si elles ne sont pas ouvertes, ce traitement les guérit radicalement.

Remèdes à administrer en cas d'asphyxie par le froid.

Pour les rudes saisons d'hiver, il ne sera peut-être pas inutile de connaître le moyen de rappeler à la vie une personne que le froid aura asphyxiée.

Il faudra se garder de lui faire prendre aucune boisson spiritueuse ; il ne faudra pas non plus l'approcher du feu ; mais la coucher dans une chambre modérément chauffée et lui faire des frictions excitantes sur tout le corps.

Un très-bon moyen est de mettre le malade dans un bain que l'on réchauffe peu à peu jusqu'à la température de 25 degrés. On l'y laisse pendant vingt minutes, puis on frictionne avec une flanelle chaude. On lui fait prendre du bouillon ou du vin coupé d'eau chaude.

Dévoiement des enfants.

Les enfants qui font leurs dents sont très-sujets à cette affection. Il faut les mettre à la diète, leur attacher une ceinture de flanelle sur le ventre et leur faire boire de l'eau sucrée dans laquelle on aura délayé un blanc d'œuf bien battu. Ce remède, extrêmement simple et facile à faire, est d'un excellent effet.

Pommade pour guérir les gerçures.

Prenez 20 grammes de savon blanc, coupez-le en petits morceaux et faites-le fondre dans un peu d'eau chaude ; mettez 40 grammes d'huile d'amandes douces, 20 grammes de cire blanche grattée et 50 grammes d'axonge (graisse de porc). Placez ce mélange sur un feu doux et remuez-le jusqu'à ce qu'il bouille. Retirez-le du feu et ajoutez 5 grammes d'essence de benjoin et autant de baume du Pérou. Conservez cette pommade dans des pots. Pour s'en servir on en prend gros comme un pois qu'on étend sur les mains gercées. Il est bon de garder des gants.

PETIT FORMULAIRE DE CUISINE

Quelques règles à suivre.

Voici quelques règles générales et quelques recettes d'économie domestique que mes lectrices me sauront gré d'avoir réunis ici.

Pour les rôtis et les viandes grillées en général, il est important de proportionner l'ardeur du feu à la quantité et à la qualité des viandes.

Le bœuf et le mouton veulent être saisis par un feu très-vif et arrosés très-souvent, afin d'éviter la perte et l'évaporation du jus. Ceci est élémentaire. On diminue ensuite graduellement le feu pour que la cuisson ne soit pas trop hâtée. Mais comme il est essentiel que ces deux qualités de viande conservent tous leurs sucs, il ne faut pas les laisser languir à la broche.

Le veau ne doit jamais être servi saignant. On l'arrose avec du beurre fondu plutôt qu'avec de la graisse.

Une volaille desséchée au feu et qui a perdu la partie essentielle de ses sucs est un triste manger.

Il faut donc aussi qu'elle soit saisie fortement en paraissant devant le feu. Mais pour éviter que la peau brûle ou se crispe d'une façon très-désagréable au goût et à l'œil, on enveloppe avec un papier frotté d'huile ou de beurre les volailles blanches, comme les dindons, les chapons, les poulets, etc. En arrosant, vous retirez le papier, et les laissez alors exposés à un feu vif pendant un instant. Il n'en faut pas davantage pour que les bardes, les lardons et la peau prennent une belle couleur. La volaille noire, telle que les oies et les canards, a la peau ferme et épaisse. Elle peut supporter un feu vif comme les grosses viandes.

Les levrauts et les lapereaux parés pour la broche sont piqués de lardons fins très-rapprochés les uns des autres. Cette disposition dispense de les envelopper pour éviter les inconvénients de la vive chaleur.

Les cailles, les perdreaux et les perdrix sont évidemment gouvernés à la broche comme la volaille blanche.

Les biftecks et autres préparations sur le gril doivent être également saisis par le feu, pour la concentration des sucs; mais il faut éviter soigneusement de les laisser dessécher ou seulement trop cuire.

Pour tous les rôtis en général, on connaît que le moment de les retirer de la broche est arrivé quand les chairs lancent des jets de fumée à la plus petite incision qui leur est faite.

Voici, du reste, un tableau détaillé de l'espace de temps que chaque pièce doit rester au feu, en supposant toujours un bon feu et une broche. Quand on fait rôtir dans une cuisinière, la cuisson est un peu plus prompte. On en juge par le moyen précédent.

Rôti de bœuf, pesant 5 kilos,	2 heures 1/2.
idem, pesant 2 k. et demi.	1 heure 1/2.
Mouton, gigot ou épaule, 3 kilos.	1 heure 1/2.
idem, pesant 2 kilos.	1 heure.
Agneau, un gros quartier.	1 heure.
idem, un petit quartier ou gigot.	3/4 d'heure.
Veau, pesant 2 kilos.	2 heures.
idem, pesant 1 kilo.	1 heure 1/4.
Porc frais, pesant 2 kilos.	2 heures.
idem, pesant 1 kilo.	1 heure 1/4.
Cochon de lait, entier et gros.	2 heures 1/2.
idem, petit.	2 heures.
Venaison, pesant de 4 à 5 kilos	2 heures.
idem pesant 2 kilos.	1 heure.
Lièvre, gros,	1 heure 1/2.
Levraut.	3/4 d'heure.
Lapin, gros.	3/4 d'heure.
idem, petit.	1/2 heure.
Dindon, gros.	1 heure 1/2.
idem, moyen.	1 heure.
idem, petit.	3/4 d'heure.
Poularde et chapon, gros.	1 heure.
idem, moyen.	3/4 d'heure.
Poulet.	3/4 d'heure.
Oie, grosse.	1 heure 1/4.
idem, petite.	1 heure.
Canard, gros.	3/4 d'heure.
idem, petit.	1/2 heure.
Faisan.	3/4 d'heure.
Pigeon.	1/2 heure.
Perdreau.	1/2 heure.
Alouettes bardées.	20 minutes.

Petits oiseaux.   de 15 à 20 minutes.
Bécasse, 1/2 h., si elle est grasse, maigre, 1/4 d'heure.

Préparation des aliments et des assaisonnements.

Il n'y a que quatre manières différentes de soumettre les aliments à la cuisson. On les fait bouillir dans l'eau ; on les fait cuire dans leur jus (étuvée); on les fait rôtir ; enfin on les fait frire. Ces quatre opérations ont une influence très-marquée sur leur saveur et sur leur digestibilité.

En général, l'ébullition les rend plus tendres, mais il ne faut pas qu'elle soit poussée trop loin, parce que l'eau s'emparant de toutes leurs parties solubles, la partie fibrineuse qui reste ne contient plus de suc et devient, par cela même, plus difficile à être saisie par les puissances gastriques.

Le *bouillon* est le résultat de ce mode de cuisson des viandes. Plus la décoction a été forte et prolongée, plus le bouillon est chargé, et moins la viande conserve de gélatine et d'osmazône, par conséquent, elle doit être d'autant moins facile à élaborer par l'estomac ; aussi la viande bouillie contient-elle infiniment plus de parties excrémentielles que lorsqu'elle est préparée de toute autre manière. Elle a peu de saveur, elle est moins tonique et elle excite très-peu l'action des organes digestifs. Les médecins l'ordonnent lorsqu'ils craignent de communiquer trop de ton aux organes gastriques.

Dans *l'étuvée*, la chair se pénètre fortement de vapeurs chaudes ; elle s'attendrit, se cuit parfaitement sans s'épuiser, sans se dessécher, et conserve ainsi tout son suc. Les substances cuites de la sorte doivent être et sont en effet les plus faciles à digérer et les plus nourrissantes.

Le *rôti* bien fait retient à peu près toutes les parties salubres de la chair. L'action du feu à nu en carbonise les parties extérieures, et repousse vers le centre tous les liquides : ceux-ci étant retenus à l'intérieur par l'enduit à demi brûlé qui se forme à la surface, communiquent à la fibre un goût particulier qui est le caractère de cette sorte de cuisson. Le rôti est très-nourrissant et très-tonique ; sa saveur est appétissante, et cette dernière qualité le rend préférable pour beaucoup d'estomacs à toute autre préparation. Les viandes brunes, rôties, donnent un jus d'autant plus foncé que leur osmazôme est plus abondant ou plus fortement coloré. Les viandes blanches fournissent un suc plus pâle. Parmi ces dernières, il en est qu'on ne saurait, sans inconvénient, soumettre à une autre préparation ; tels sont : les cochons de lait, l'agneau, le chevreau, et généralement les viandes les plus visqueuses.

La *friture* rend aussi les viandes très-tendres, mais il faut qu'elle soit bien faite et que la croûte qui l'enveloppe soit extrêmement légère ; autrement l'âcreté empyreumatique que la graisse ou l'huile lui communique, la rend extrêmement nuisible aux extomacs délicats ; quand la pâte avec laquelle on enduit les substances que l'on veut faire frire est bien légère, cette préparation est sans inconvénient et on peut en donner à des convalescents, même à des malades.

Parmi les substances alimentaires dont nous avons parlé, les unes se digèrent avec facilité, les autres, au contraire, résistent plus ou moins longtemps à l'action de l'estomac. Les assaisonnements ont pour but d'aider les forces gastriques ; quoi qu'en disent les médecins qui ont écrit sur l'hygiène de la nutrition, il est certain que rien n'est plus favorable à l'entretien de l'estomac, et par suite à celui de la santé générale, qu'un usage modéré des assaisonnements les plus simples ; mais en ce point plus qu'en tout autre, il est important de bien se garder de l'abus ; cependant, il faut l'avouer, le moment où l'on doit s'arrêter est d'autant plus difficile à saisir que les jouissances gastronomiques ont plus d'attraits. Un met bien assaisonné excite souvent l'appétit de manière à l'exagérer et à faire dépasser le besoin de l'alimentation qui l'a fait naître ; souvent l'estomac est déjà surchargé d'aliments quand le plaisir de manger, entretenu par les artifices d'un savant cuisinier, est encore flagrant. Aussi est-il en général de principe, pour toute personne qui sent combien il est important de conserver à l'estomac toute son aptitude et ses facultés, de se lever de table avant d'avoir épuisé tous ses désirs.

Outre la propriété qu'ont les corps gras de diviser les substances alimentaires, il en est une autre qui n'est pas moins avantageuse pour la nutrition, nous voulons parler de leur capacité pour le calorique. Cette condition particulière, par laquelle ils se pénètrent d'une plus grande quantité de chaleur, les rend très-propres à faciliter la cuisson des aliments avec lesquels on les mêle. Nous avons dit un mot de cette propriété en parlant des fritures ; ce mode de cuisson ne peut en effet s'obtenir qu'avec des corps gras. La coction d'une substance alimentaire dans un corps gras en ébullition présente des caractères tout à fait particuliers, qui n'ont rien de commun avec aucune autre espèce de préparation. La friture a sur la santé, et principalement sur l'estomac, une influence telle que son abus occasionne une maladie assez commune désignée sous les noms divers de pyrosis, de fer chaud, d'ardeur d'estomac, etc. Il suffit de signaler ce danger pour engager les amateurs de friture à une réserve prudente.

L'estomac se fatigue aisément des substances alimentaires les plus nutritives. Ce dégoût, si facile, et qui influe si puissamment sur la digestion, a fondé un principe d'hygiène nutritive, qui dit que *le meilleur mode de nutrition est le plus varié.* C'est de ce principe que découle aussi la nécessité des assaisonnements pour varier les mets, et pour leur donner des propriétés différentes de celles qu'ils ont isolément.

Mais notre intention n'étant pas de faire ici une dissertation spéciale sur chaque assaisonnement; il nous suffira de les présenter par groupe, en les réunissant selon l'analogie de leurs propriétés.

On peut ranger les diverses espèces d'assaisonnements en trois classes, qui sont: les stimulants, les stimulants aromatiques et les aromatiques. Cette coupe n'est pas assez tranchée pour qu'on puisse l'établir d'une manière absolue, mais elle conserve d'une manière assez nette les trois propriétés principales qui se rencontrent dans l'universalité de ces substances.

Les stimulants purs sont:

La moutarde; l'ail; l'échalote; l'oignon; la ciboule; la civette; le poireau; le sel.

Toutes ces substances contiennent une huile essentielle qui, avant d'agir sur l'estomac, stimule fortement, pendant l'acte de la mastication, les organes salivaires dont nous avons signalé l'importance pour la digestion, et en forçant ces organes à sécréter une plus grande quantité de salive, elles disposent d'une manière assez favorable le bol alimentaire à être saisi par le suc gastrique.

La moutarde est le plus puissant et peut-être le plus employé de tous ces assaisonnements. Mais il faut se défier de toutes les préparations dont l'objet consiste uniquement à la rendre plus agréable au goût en la mêlant avec une foule de substances aromatiques. Car leur effet le plus sûr est la production d'un appétit factice qui excite au delà les besoins de la nutrition, et use à la longue, sans retour, les forces digestives. Il est donc plus prudent de faire usage de la moutarde pure en poudre, que l'on prépare, au fur et à mesure de la consommation, en la mêlant sur la table avec un peu de vinaigre à l'estragon de la façon suivante : On prend une quantité déterminée de cette poudre, et on la mêle avec une dose suffisante de bon vinaigre à l'instant de s'en servir ; mais les personnes qui la trouveraient encore trop excitante pourraient au besoin substituer l'eau pure au vinaigre où tout au moins mettre moitié l'une moitié l'autre.

Les stimulants aromatiques sont les suivants :

Le poivre ; le girofle ; la muscade ; la cannelle ; le gingembre ; le piment ; le raifort ; les câpres ; les cornichons ; les capucines.

Ces divers assaisonnements jouissent à un degré inférieur des propriétés stimulantes que possèdent ceux que nous avons compris dans la classe précédente. Leur action se fait moins sentir dans la bouche; mais ils ont de plus une qualité aromatique qui donne du ton à l'estomac, et développe dans cet organe un degré de chaleur plus ou moins favorable à la digestion, selon la plus ou moins grande susceptibilité individuelle. Peut-être aurions-nous dû comprendre le piment dans la classe des stimulants purs, car il y a contestation sur sa qualité aromatique qui ne paraît pas aussi marquée au premier abord qu'elle l'est en effet. Mais il faut observer que les piments qui croissent dans le nord sont tout à fait dépourvus de saveur, et que ceux au contraire qu'on récolte en Espagne et dans le midi de la France sont doués de propriétés stimulantes et aromatiques incontestables.

Enfin la troisième classe des assaisonnements comprend :

La vanille ; l'eau de fleurs d'oranger ; le thym ; le serpolet ; le safran ; la sauge ; le romarin ; le persil ; le cerfeuil ; l'estragon ; le laurier ; le verjus ; le vinaigre ; le citron.

Les substances contenues dans cette classe sont positivement aromatiques. Elles excitent peu les glandes salivaires ; mais d'un côté, elles agissent puissamment sur l'estomac.

On trouvera peut-être que les acides tels que le verjus, le vinaigre et le citron, auraient pu être mis dans une classe à part ; mais outre que le verjus et le citron sont autant estimés par leur arôme que par leurs qualités acides, et que le vinaigre n'est guère employé qu'après avoir été aromatisé, soit à l'ail, soit à l'estragon, en les faisant entrer dans la classe des aromatiques, nous avons voulu éviter une quatrième division dont la spécialité n'est pas assez positive. Cependant, nous ferons à leur sujet une observation qui leur est particulière. On attribue aux acides en général la propriété de faire maigrir. Cela est vrai, et plusieurs femmes ont évité les inconvénients de l'obésité en faisant un usage abusif du vinaigre. Mais qu'on ne s'y trompe pas, cet avantage ne s'obtient qu'au détriment de la santé générale ; et sans avoir recours à l'action corrosive des acides pour rendre raison de leur action particulière, il doit suffire de savoir que le vinaigre et les autres assaisonnements de cette nature agacent l'estomac sans exciter l'appétit, et empêchent celui-ci de se manifester à un degré convenable pour satisfaire aux besoins de la nutrition.

On range aussi, mais à tort, parmi les assaisonnements, quelques autres substances qui sont bien plutôt alimentaires, comme les champignons, les olives, les truffes, les anchois, les huîtres marinées, les sardines, le thon et les viandes fumées.

Pour savoir choisir avec intelligence les repas de la famille.

Avant d'apprendre à une maîtresse de maison comment elle doit servir sa table avec luxe, il faut d'abord qu'elle apprenne à connaître la façon plus ou moins lente avec laquelle les aliments se digèrent par l'estomac ; c'est alors seulement qu'elle saura composer avec intelligence les repas ordinaires de sa famille.

Pour les enfants et les vieillards surtout, les

viandes rôties sont préférables, l'art raffiné de la cuisine étant une des inventions les plus destructives que l'on ait pu trouver pour abréger la vie de l'homme. Grâce à lui les aliments deviennent des excitants et des échauffants, par l'effet agréable qu'ils produisent sur le palais ; il nous porte à manger au delà de nos besoins, et surcharge ainsi l'estomac d'un poids double ou quadruple de celui qu'il pourrait naturellement porter. De là des embarras, des malaises, des indigestions, etc., toutes choses enfin qui peuvent très-bien conduire à une maladie grave.

Une maîtresse de maison doit donc entretenir ordinairement sa table avec une grande sobriété de ragoûts et autres recherches culinaires. Les viandes froides, quand elles ont été rôties, sont excellentes pour l'estomac ; les acides et les sucreries lui sont contraires : pourtant, si on veut en faire servir de temps en temps, il faut les employer séparément, tandis qu'ils sont réellement malsains si on les combine.

Une grande erreur en cuisine est l'habitude de dissoudre et de concentrer la substance de plusieurs livres de viande dans une très-petite portion de jus ou de gelée. Il n'y a que pour les vieillards qui ont perdu leurs dents que ce genre d'alimentation est utile ; mais pour les enfants qui peuvent manger et les personnes dans la force de l'âge, il a de graves inconvénients ; car, en consommant ainsi l'essence de la nourriture, sans travail pour les dents et pour l'estomac, on fait un vol à la nature ; or, la nature, qui tient à tous ses droits, fait chèrement payer ce méfait par la paresse dont elle frappe l'estomac et par la perte successive des dents. Il y a encore une chose qu'il faut éviter ; c'est l'usage des viandes grasses, qui sont toujours très-lentes à digérer, en voici la raison : la chaleur interne les convertit en une huile qui flotte à la surface des aliments introduits dans l'estomac, jusqu'à ce qu'elle se dissolve en globules innombrables, tous remplis d'air impur et qui, dans un état rance, se mêle à la masse de la digestion et en trouble l'opération.

Ainsi donc, il est bien entendu que, plus les aliments auront été cuits et préparés simplement, plus leurs propriétés nutritives seront considérables. La nature veut que notre nourriture soit mâchée, macérée et mélangée de salive, afin qu'elle ne puisse rester dans l'estomac que le temps nécessaire pour exciter la réaction et être assimilée à notre substance. Conséquemment, les viandes simplement rôties ou bouillies rentrent mieux dans ses intentions ; mais elles doivent être cuites à point, car le plus ou le moins est également mauvais.

Le mouton et le bœuf rôti demandent un quart d'heure par livre, le veau une demi-heure ; mais il est bien entendu que c'est à partir du moment où le feu est complétement allumé. L'usage de cuire au four n'est pas non plus très-bon, cuite ainsi, la viande se dessèche et perd sa meilleure qualité.

Mais, afin de rendre plus complètes nos observations sur le régime ordinaire de la table, nous terminerons ce chapitre en vous recommandant d'avoir égard aux règles suivantes prise dans l'ouvrage d'un savant docteur.

1° Si vous êtes d'habitudes régulières, faites des repas réglés et à des heures réglées.

2° Si vous êtes d'une constitution chétive ou fragile, mangez quand vous avez faim ; souvent si vous pouvez, mais pas trop à la fois.

3° Mangez lentement, mâchez bien et tenez vos dents en bon état.

4° Ayez soin de ne pas boire très-froid quand vous mangez très-chaud.

5° Buvez doucement, pas trop souvent surtout au dîner.

6° Il ne faut pas qu'un repas succède trop promptement à un autre. Le temps nécessaire à la digestion varie selon la quantité et la qualité des aliments, l'état de l'estomac, etc. Le temps habituellement demandé, lorsque le repas est modéré et qu'il est composé de parties fibreuses de viande, de pain, etc., est de trois heures et demie ou de quatre heures.

7° Ne prenez jamais soit des aliments soit des liquides trop chauds : ils sont également nuisibles aux dents et à la digestion. Quelques degrés de plus de chaleur suffisent pour détruire l'action des sucs gastriques.

8° Terminez votre dîner en mangeant une petite croûte de pain. Cela aide à la digestion et nettoie les dents beaucoup mieux que n'importe quel dentifrice.

9° Mangez peu de sucre, il gâte les dents. On peut en dire autant de toutes les pâtisseries, qui sont mélangées de particules calcaires à l'état friable.

10° Ne vous mettez jamais à table quand vous êtes en colère, ou quand vous êtes échauffé par la marche.

11° Gardez-vous d'employer le temps des repas à lire, à étudier ou à tout autre exercice occupant les facultés de l'esprit. Pendant le dîner, le corps est seigneur et maître, l'esprit n'a aucun droit d'intervenir, excepté pour aider aux opérations.

12° Dînez toujours, si vous le pouvez, avec des gens réjouis. Les anciens, fidèles en cela à de bons principes d'hygiène, avaient des fous et des bouffons dont l'emploi était de provoquer le rire, la meilleure de toutes les choses connues pour la digestion. On est généralement porté à considérer le rire comme un simple mouvement instinctif, tandis qu'il forme une de nos plus importantes fonctions, non-seulement en relevant les esprits, mais en fortifiant les nerfs et chassant la bile, en établissant une circulation salutaire du sang, et, comme nous l'avons déjà dit, en aidant à la digestion; entretenez donc la joyeuse humeur à table, éloignez de l'esprit de votre mari le souci de ses affaires, et évitez de choisir ce moment pour reprocher à vos enfants leurs fautes et leurs sottises.

13° Un exercice trop violent après les repas trouble la digestion. Quelques tempéraments ont besoin de faire un léger somme après dîner; mais c'est une habitude qu'il vaut mieux ne pas prendre, car elle rend la bouche pâteuse, précipite le pouls, donne la fièvre et peut amener l'apoplexie.

14° Abstenez-vous de manger ou quand vous êtes rassasié ou quand vous ne vous sentez pas d'appétit.

15° Ne mangez jamais ce qui ne vous plaît pas.

16° Ne vous querellez jamais au moment de manger. Vous pourriez, tout aussi bien pour votre estomac, avaler une pelote garnie d'épingles.

17° Si vous n'avez pas suffisamment de piété pour

dire votre *Benedicite* et vos grâces avant et après le repas, vous pouvez en tout cas, remercier votre heureuse étoile, et vous mettre bien avec vous-même.

18º Enfin, ne gâtez jamais les restes d'un repas, car c'est offenser Dieu ; que de pauvres vivraient des miettes qui tombent de la table du riche ! Surveillez donc aussi vos domestiques sur ce point, afin que ce qui ne peut plus servir ni pour vous, ni pour eux-mêmes, soit donné aux malheureux à qui cette aumône peut être si profitable !

Manière dont on doit découper la viande pour l'offrir à des convives.

A l'exception des grandes maisons où un maître d'hôtel est chargé de découper les viandes, cet art est aujourd'hui dévolu aux femmes ; nous pensons donc que toute bonne maîtresse de maison doit en faire une étude particulière, car on ne saurait, en premier lieu, servir les bons morceaux, si on ne les connaît pas ; puis on risque de faire croire à ses convives que la viande est dure et mauvaise, et cela, tout simplement parce qu'elle n'a pas été coupée dans ce qu'on appelle son *fil*.

Nous commencerons par la dissection du bœuf bouilli et rôti : la façon de le découper est toujours la même, ainsi que pour les autres viandes de boucherie.

La culotte bouillie se coupe en travers et dans le milieu ; la viande qui est auprès des os de la queue est la plus délicate.

Les grillades se coupent en morceaux minces et en travers; la poitrine près du tendron et pareillement en travers; le paleron comme les grillades.

Dans l'aloyau, vous coupez le filet mince et en travers; la viande qui est de l'autre côté de l'os se coupe de la même manière, après avoir eu le soin d'enlever préalablement la peau dure et nerveuse qui en défend la surface. La tranche et le gîte se coupent en travers; la langue de bœuf, de même que toutes les langues, dans le même sens et par tranches; c'est du côté du gros bout que se trouvent les morceaux les plus fins et les plus succulents.

Le trumeau ou jarret de bœuf, qui est une chair pleine de cartilages et très-courte, se sert à la cuiller.

De la connaissance du bon bœuf.

Le bœuf est bon toute l'année. Les meilleurs bœufs sont ceux du Cottentin, de Normandie et d'Auvergne. Il faut choisir celui qui a la couleur foncée, d'un rouge cramoisi, gras et bien couvert. Pour le pot au feu, il est bon d'employer la viande aussi fraîche que possible; mais pour les rôtis ou grillades, il faut la laisser mortifier quelques jours: quatre ou cinq en hiver; deux ou trois au printemps et en automne: pour l'été, un jour ou deux suffisent, et encore suivant la chaleur et l'exposition du garde-manger où vous mettez vos provisions.

De la dissection du mouton.

Le filet et le gigot se servent tous les deux de la même manière. Le morceau le plus délicat, que vous coupez en travers et en tranches, se trouve du côté du nerf que l'on appelle la *sous-noix extérieure*. Le côté de la queue sur la croupe se coupe par aiguillettes. La *souris*, placée près du manche, est un morceau que quelques personnes trouvent fort à leur gré; mais avant de la servir, il faut l'offrir au préalable.

Le carré se sert par côtelettes.

L'épaule se coupe par tranches dessus et dessous.

Pour la poitrine, après avoir enlevé la peau qui est sur les tendrons, vous la coupez par côtes, en choisissant les endroits où le couteau ne résiste pas en tirant du coté des tendrons.

Le chevreau et l'agneau se dissèquent de la même façon.

De la connaissance du bon mouton.

Le mouton est ordinairement bon quand il a la chair noire, qu'il est gras en dedans, qu'il a le gigot court, le nerf fin, et qu'il est jeune. Laissez-le mortifier le plus que vous pourrez, suivant la saison. Dans le printemps, nous avons les gros moutons flamands, les moutons de Reims et de Beauvais; l'été, les meilleurs sont les moutons de pâturage. C'est l'automne et l'hiver que les moutons sont préférables. Les moutons de *pré salé*, c'est-à-dire nourris au bord de la mer, sont les plus estimés.

De la dissection du veau.

Dans la longe, vous coupez le filet par petites tranches en travers pour le servir, ensuite vous divisez le rognon par petits morceaux pour le présenter aux personnes qui l'aiment. Sous le rognon, dans l'intérieur de la longe, se trouve un petit filet très-délicat, que vous coupez en tranches fines et en travers.

Le quasi se coupe par petits morceaux tenant devant à un os. Il se dépèce facilement en appuyant le couteau dessus, parce que les jointures en sont marquées.

Dans le cuisseau, quand il est rôti, il n'y a de tendre que les noix. Celle de dessus est la plus estimée.

Pour la poitrine, après avoir découvert les tendrons d'une peau charnue qui les couvre, vous coupez la pièce de viande en travers, pour séparer les côtes d'avec les tendrons. C'est ce que vous ferez aisément en prenant l'endroit du côté du tendron où le couteau ne trouve pas de résistance; ensuite vous coupez par petits morceaux.

Le carré se coupe par côtelettes en prenant bien le joint, ou en filet, comme la longe.

En dessus de l'épaule, sur la gauche, se trouve une petite noix enveloppée de graisse que vous servez d'abord comme le morceau le plus recherché. Le reste de l'épaule, dessus et dessous, se coupe par tranches.

Dans la tête de veau, les parties les plus estimées sont: les yeux, les oreilles, la cervelle, les bajoues et la langue.

Le chevreuil et le daim se servent et se découpent comme le veau.

De la connaissance du bon veau.

Les meilleurs veaux sont ceux de Caen, de Pontoise, de Rouen et de Montargis. Pour que le veau soit de bonne qualité, il faut qu'il ait deux mois ; plus petit, il n'a ni suc ni saveur ; plus fort, il est sujet à être dur et peu délicat. Il faut le choisir blanc et gras et ne pas le conserver sous prétexte de le laisser attendrir, car il contracterait un goût fort et désagréable.

De la dissection du porc.

La hure se sert pour un entremets froid : on commence à la servir en coupant du côté des oreilles jusqu'aux bajoues ; le chignon se sert après par petites tranches minces.

Le carré, le filet, l'échine se coupent par petites tranches minces et en travers.

Le jambon se coupe par petites tranches en travers, toujours du gras et du maigre.

Le sanglier se coupe et se sert comme le porc.

De la dissection du marcassin et du cochon de lait.

La dissection se fait de même. Après qu'il est servi sur la table, vous commencez par couper la tête et les deux oreilles, et séparez la tête en deux ; ensuite vous coupez l'épaule gauche, la cuisse gauche, l'épaule droite et la cuisse droite : vous levez après la peau pour la servir toute croquante ; les jambes, les morceaux près du col sont des endroits très-délicats ; l'épine du dos se coupe en deux; le côté des côtes qui y reste attaché se sert par petits morceaux.

De la dissection de la volaille et du gibier.

Les principales parties de la volaille sont le col, les deux ailes, les deux cuisses, l'estomac, le croupion, la carcasse. Les morceaux les plus honnêtes à présenter sont les ailes et après les blancs, pour la volaille rôtie ; mais pour la volaille bouillie, les cuisses sont les morceaux les plus délicats à offrir.

La dissection se fait en prenant l'aile de la main gauche, avec une fourchette : vous prenez de la main droite le couteau pour couper la jointure de l'aile, et achevez de la main gauche en tirant de l'aile qui cède aisément, si vous tenez ferme la pièce de volaille avec une fourchette ; ensuite vous levez du même côté la cuisse, en donnant un coup de couteau dans les nerfs de la jointure, et vous la tirez de la même façon avec la main gauche : la même opération se pratique pour l'autre côté ; vous coupez ensuite l'estomac, la carcasse et le croupion en deux, c'est ainsi que vous disséquez poulets, poulardes, faisans, perdrix et bécasses. Les morceaux les plus délicats du faisan sont les blancs de l'estomac et des cuisses ; de la bécasse, c'est la cuisse qui est le plus estimée.

Le pigeon, quand il est gros, peut se couper comme la volaille blanche ; quand il est petit, il se coupe en deux par le dos, en faisant tenir le croupion avec les deux cuisses, ou en deux morceaux en long.

L'oiseau de rivière et le canard se coupent sur l'estomac par aiguillettes, que vous offrez comme le plus délicat ; ensuite vous levez les ailes, les cuisses et la carcasse.

Dans les lapereaux, le morceau le plus estimé est le filet ; vous commencez à le fendre depuis le cou en descendant le long de l'épine du dos : après qu'il est levé, vous le coupez par morceaux en travers pour le servir. Les petits filets du dedans sont excellents, le reste se coupe à volonté.

Les levrauts se coupent et se servent de la même façon que les lapereaux.

Moyen d'attendrir le bœuf qui doit servir au pot au feu.

Il faut, pour faire un bon pot au feu, prendre de préférence la partie de la cuisse qui se nomme vulgairement la *culotte,* ou, à son défaut, celle qui est connue sous le nom de *gîte à la noix.* Ces morceaux n'ayant jamais d'os, non-seulement produisent un bouilli qui peut se servir et se découper convenablement, mais encore ils peuvent recevoir, avant d'être mis dans le pot, la préparation qui les rend immanquablement les plus tendres qu'il est possible, le bœuf eût-il été tué le jour même : cette préparation est bien simple, puisqu'elle ne consiste qu'à battre le morceau de bœuf pendant quelques minutes, mais battre *très-fortement* avec un bâton rond et lisse; en un mot, avec un gros rouleau à faire la pâte. Tous les tourneurs en vendent, et il est indispensable d'en avoir deux dans sa cuisine, l'un pour battre la viande, l'autre pour rouler la pâte.

Le bœuf ainsi battu, en dessus et en dessous, doit

être ficelé avec soin avant d'être mis dans la marmite ; il se cuit plus promptement, le bouillon qu'il produit est bien plus succulent, et enfin le bœuf est toujours tendre.

FIN.

TABLE DES MATIÈRES

Avant-propos	5
Du faux luxe chez soi et sur soi	9
Conseils pour la régularité qui doit régner dans une maison bien tenue	13
Petit conseiller de ménage	20
Sur le budget d'un ménage	21
Du choix d'un logement	23
De la bonne tenue et de l'arrangement d'un appartement	30
Choix d'une cuisine. — De ses ustensiles, de son entretien	38
De la cave	51
Des bouteilles et des soins qu'elles réclament	57
Des bouchons	58
Du goudronnage des bouteilles	59
Manière de placer les vins	60
Procédé pour clarifier le vin contenant de la lie	61
Arrangement de son appartement au printemps et quand on le quitte pour une absence	62
Comment il faut, au printemps, arranger ses vêtements d'hiver pour les conserver frais et en bon état	67
De la lingerie	71
Des provisions de linge	78
Manière de faire les chemises	83

TABLE DES MATIÈRES

Manière de tailler les chemises d'hommes et de petits garçons	86
Pour bien faire les robes.	87
Méthode pour blanchir la toile.	90
Composition pour réparer le linge quand il est roussi et presque brûlé	91
Manière de rétablir le lustre quand il a été enlevé des étoffes par le lavage	91
Manière de nettoyer les flanelles blanches, les bas de laine, etc., sans qu'ils se rétrécissent.	92
Empois ; bleu	92
Repassage du linge roussi	94
Taches de fer ou de rouille	95
Savonnage des mousselines et des percales imprimées.	95
Pour nettoyer les couvertures de laine	98
RECETTES DIVERSES POUR L'ENTRETIEN D'UNE MAISON.	99
Composition pour nettoyer le cuivre.	99
Peinture qui rend le bois incorruptible	100
Pour nettoyer les vieux tableaux à l'huile	100
Procédé pour nettoyer les gravures et les livres.	101
Préservatif contre la moisissure	101
Manière facile de cirer les planches.	103
Nettoyage des dorures de pendules.	103
Pour nettoyer le marbre.	104
Autre manière de nettoyer le marbre	104
Pour nettoyer les cuivres	105
Moyens de rétablir l'éclat des glaces ternies par le temps ou par un accident.	105
Manière de donner aux statuettes et médaillons en plâtre l'aspect et la solidité du marbre	106
Manière de raccommoder l'albâtre	107
Moyen de faire disparaître l'odeur de l'ail.	107
Papier transparent.	107
Boules à détacher de Tromsdorff	108
Moyen très-simple d'empêcher les mouches de salir les cadres des tableaux et les cadres des glaces.	108
Moyen de débarrasser une chambre des cousins	108
Pour coller promptement, solidement et avec propreté les ustensiles de ménage	109
Soins à donner aux meubles	109

TABLE DES MATIÈRES

Pour nettoyer les meubles endommagés (par l'humidité.	109
Pour rendre le brillant au vernis des meubles . . .	110
Pour rendre leur brillant aux parquets sur lesquels on avait mis du siccatif.	110
Entretien du vernis des meubles	110
Moyen de rendre la faïence et la porcelaine moins fragiles . . . . ,	111
Nettoyage des carafes de cristal	112
Procédé pour garantir les papiers et les livres des rats, des mites et de la moisissure	112
Pour donner aux meubles en sapin et en bois blanc l'aspect du palissandre ou du noyer	113
Pour rendre l'argenterie très-brillante	114
Autre moyen de nettoyer l'argenterie	114
Pour nettoyer les cadres dorés	115
Autre façon de nettoyer les cadres dorés.	116
Nettoyage des bronzes dorés	116
CHAUFFAGE.	117
Provision de bois et de charbon pour les appartements et la cuisine. . . . . ,	117
Provision de charbon pour la cuisine	120
DE L'ÉCLAIRAGE	128
Soins à donner aux lampes.	128
ARRANGEMENT DE SON APPARTEMENT APRÈS UNE LONGUE ABSENCE	130
RECETTES DIVERSES POUR L'ENTRETIEN DE SES EFFETS ET DE SA PERSONNE	136
Manière de conserver les laines, les plumes, etc . .	136
Moyen de garantir la laine et les fourrures de la teigne.	136
Pour détacher les fourrures.	137
Pour nettoyer les bijoux	137
Pour enlever les taches faites par les couleurs à l'huile.	138
Manière d'arrêter le feu qui prend aux vêtements . .	138
Sachet de toilette	139
Pour rendre la couleur primitive aux étoffes noires rougies	139
Nettoyage des chaînes d'acier poli	140
Pour nettoyer les étoffes de laine.	140
Bougies	141

Nettoyage des étoffes de soie ou de cachemire . . . 141
Pour nettoyer les flanelles ou tricots de laine blanche. 142
Pour nettoyer le mérinos ou l'indienne 142
Moyen de nettoyer les dentelles à neuf. 143
Blanchiment de la dentelle à demi-neuf. 144
Pour conserver les rubans frais 144
Nettoyage économique . . , ... 145
Pour nettoyer les marabouts et les plumes 145
Pour nettoyer les souliers de satin blanc 146
Eau destinée à nettoyer les tissus de coton, de laine,
    et même de soie. 146
Pour ôter les tâches de la soie. 147
Moyen de raccommoder les habits déchirés. . . . 147
Moyen de raccommoder d'une façon imperceptible
    une robe de soie déchirée. 147
Manière de dégraisser les brosses . . . - . . . 148
Pour enlever des taches de fruits sur une étoffe . . . 148
Semelles imperméables. . . . . , . . 148
Nettoyage des bijoux d'or, de plaqué et de vermeil . 149
Nettoyage des gants 149
Autre manière 149
Manière de rafraîchir le velours. 150
Procédé pour réargenter les galons et ornements en
    broderie, etc 150
Encre à marquer le linge. 151
Des taches de graisse et de fruits. 152
Taches de la peau. Moyen de les enlever. 153
Sachet aromatique pour bain 153
Bain pour nettoyer et adoucir la peau. 154
Eau dentifrice servant à parfumer l'haleine 154
Pâte suave réputée infaillible pour assouplir la peau
    et rafraîchir le teint. 155
Procédé pour noircir les cheveux sans danger pour
    la santé 155
Cold cream. 156
Eau pour lustrer les cheveux 156
ARRANGEMENT D'UNE MAISON DE CAMPAGNE 158
Matelas 173
Sommiers de foin 174
Paillasses faites avec la paille du maïs. 174

Du fruitier	174
Emballage des fruits pour le transport	177
ARRANGEMENT D'UNE MAISON DE CAMPAGNE QUAND ON LA QUITTE POUR UNE LONGUE ABSENCE.	182
Moyen d'empêcher la moisissure	184
DES SOINS A DONNER AUX MALADES	186
PETITE PHARMACIE DE MÉNAGE	201
Médicaments qu'il est toujours utile à une mère de famille d'avoir sous la main.	204
Le lait de poule	205
Sirop adoucissant	207
Jus d'herbes	207
Manière de conserver les sangsues	208
MÉDECINE DOMESTIQUE	209
Des bains simples comme propreté et des bains composés pour malades	212
Bains d'eau de son	216
Bains émollients	216
Bains gélatineux	217
Bains sulfureux ou de barèges	217
Bains de vapeur	217
Des soins à donner aux personnes qui s'évanouissent.	218
Comment il faut soigner les convulsions des petits enfants	219
Manière de faire les sinapismes	221
Remède simple contre l'empoisonnement	222
Des saignements de nez ; moyen de les arrêter.	222
De l'asphyxie	225
Coliques d'estomac et d'intestins	229
Coupures	229
Crachement de sang	232
Baume contre les engelures ouvertes et les crevasses.	232
Douleurs	232
Étourdissements	233
Pour guérir les crevasses au sein	234
Excellent liniment pour les maux d'yeux	234
Moyen pour guérir les rhumatismes	235
Pour conserver ses dents sans maladie	235
Dangers des narcotiques administrés aux enfants	235
Premiers soins à donner à une personne mordue par	

un chien enragé. 236
Moyen pour faire cesser le hoquet 238
Bain de pieds contre les engelures commençantes . . 238
Remède contre l'échauffement de la poitrine. . . . 239
Remède contre la piqûre des cousins 239
Remède facile contre la fièvre 239
Moyens de faire disparaître les envies et autres taches de la peau. 240
Guérison des foulures 240
Bouillon de mou de veau contre les affections de poitrine 241
Remède contre les simples maux d'yeux 241
Remède contre les coups de soleil 242
Moyen d'arrêter la toux convulsive. 242
Transpiration des pieds. 243
Remède contre l'œil de perdrix 243
Remède contre les brûlures. 244
Autre remède 244
Remèdes contre les coupures et écorchures . . . 245
Remède contre les maux de tête. 245
Remède contre la migraine 245
Panaris 246
Onguent pour mûrir les panaris 246
Pour diminuer le front des enfants 247
Remède contre les rhumes 247
Contre les piqûres de moucherons 248
Remède contre le mal de dents 249
Bégaiement. 250
Lumbago 250
Remède simple contre les engelures 250
Remède à administrer en cas d'asphyxie par le froid . 251
Dévoiement des enfants. 251
Pommade pour guérir les gerçures. 252
PETIT FORMULAIRE DE CUISINE 253
Quelques règles à suivre 253
Préparation des aliments et des assaisonnements . . 256
Pour savoir choisir avec intelligence les repas de la famille. 262
Manière dont on doit découper la viande pour l'offrir à des convives 267

De la connaissance du bon bœuf.	268
De la dissection du mouton	268
De la connaissance du bon mouton	269
De la dissection du veau	269
De la connaissance du bon veau	270
De la dissection du porc.	271
De la dissection du marcassin et du cochon de lait .	271
De la dissection de la volaille et du gibier	272
Moyen d'attendrir le bœuf qui doit servir au pot au feu	273

FIN DE LA TABLE

Abbeville. — Imp. P. Briez.

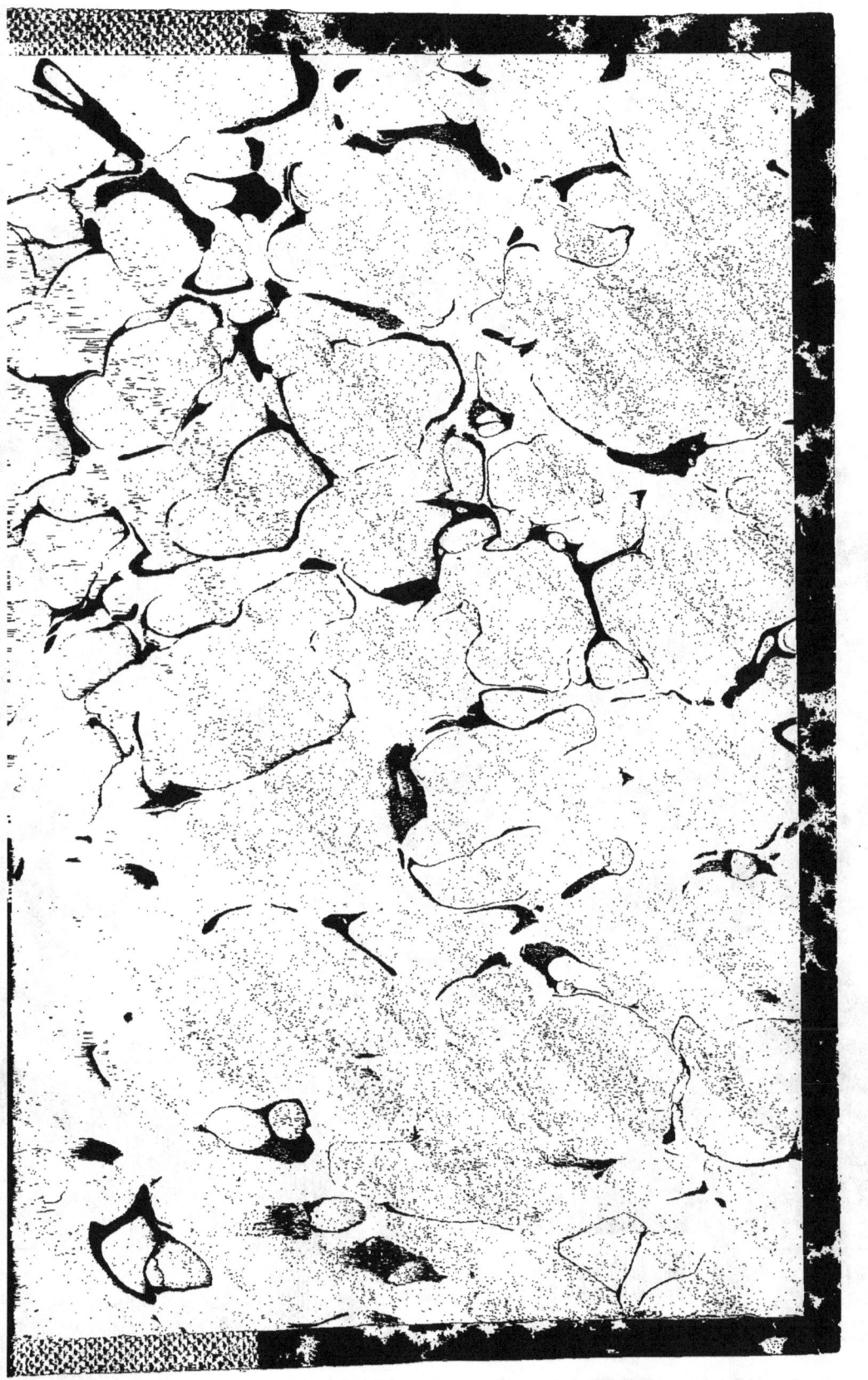

www.ingramcontent.com/pod-product-compliance
Lightning Source LLC
Chambersburg PA
CBHW071419150426
43191CB00008B/967